Uwe Waterstraat
Mann sucht Frau und umgekehrt

Uwe Waterstraat

Mann sucht Frau und umgekehrt

Rediroma-Verlag

Bibliografische Information der Deutschen Nationalbibliothek:
Die Deutsche Nationalbibliothek verzeichnet diese Publikation in der Deutschen Nationalbibliografie; detaillierte bibliografische Daten sind im Internet über http://portal.dnb.de abrufbar.

ISBN 978-3-98885-269-4

www.rediroma-verlag.de
9,95 Euro (D)

Die meisten Männer suchen eine attraktive, intelligente, selbstbewusste und unabhängige Frau.

Nun stellt sich die Frage:
Braucht so eine Frau so einen Mann?

Inhalt

Vorwort

In diesem, meinem dritten Buch, versuche ich nun spannende Seiten zu füllen. Dabei geht es in erster Linie um die aufwendige Suche nach dem anderen Geschlecht, das heißt in diesem Falle, von denen im Wesen von uns Männern so unterschiedlichen Frauen.

Die einen können angeblich nicht einparken und die anderen nicht zuhören.[1]

Das sind aber keine Hinderungsgründe für die enorme Anziehungskraft der beiden Geschlechter. Die Mehrzahl kann nicht ohne einander auskommen. Es gibt natürlich auch andere, die ihr Singledasein genießen oder in ihm gefangen bleiben, warum auch immer.

Auch Gleichgeschlechtliche suchen sich für eine Beziehung, dann können entweder beide nicht einparken oder zuhören. Aber das sei nur am Rande erwähnt und soll nicht weiter thematisiert werden.

Ich werde das Gefühl nicht los, das heutzutage wesentlich mehr auf der Suche sind, aber immer weniger sich finden. Das Singledasein hat sich ausgebreitet und nimmt ständig in allen Altersklassen bei den Erwachsenden zu. Die meisten von ihnen wünschen sich eigentlich eine Partnerin oder einen Partner und waren bisher erfolglos auf der Suche. Dass man einfach so jemanden kennenlernen, das heißt einer einem praktisch über den Weg läuft, ist höchst unwahrscheinlich, soll aber auch noch vorkommen.

---

[1] aus dem Buch von Allen & Barbara Pease

Viele haben sich eingerichtet und sind mit ihrem Singledasein im Moment rundum zufrieden. Sollten sie mal irgendwas benötigen, ein Gespräch oder Sex, nehmen sie sich es einfach, aber möglichst ohne eine stressige Beziehung. Man hält sich auch keine Kuh, wenn man ab und zu ein Glas Milch trinken will.

Natürlich haben sich die heutigen Möglichkeiten des Kennenlernens und damit die Suche stark verändert. Da hilft es nicht mehr einfach vor die Tür zu gehen und jemand kennenzulernen, nein so einfach ist das bei weitem nicht. Diesen Zustand haben geschäftstüchtige Leute schon länger als wahre Geldquelle erkannt und helfen nun bei der Vermittlung der Suchenden. Glaubt man den statistischen Erhebungen, so soll die Zahl der Singles stetig zunehmen. Mögliche Gründe dafür, laut Google, sind Schüchternheit, zu hohe Ansprüche, Zeitmangel, die Vielzahl der Trennungen und Verluste, sowie das nicht Loslassenkönnen vom der alten Beziehung.

- Die heutige Schüchternheit der Frauen und Männer zur Kontaktaufnahme mit dem anderen Geschlecht ist kaum zu glauben. Aber über 50 Prozent sollen drauf warten, dass sie angesprochen werden. Ja, da können viele lange warten. Irgendwie soll auch das Flirten völlig außer Mode gekommen sein, so sagt man. Es wäre schon sehr interessant, die wahren Ursachen herauszufinden, aber die sollen hier nicht weiter betrachtet werden.

- Ein größeres Problem, stellen die viel zu hohen Ansprüche dar, die an Partnerin oder Partner gestellt werden. Die fehlende Kompromissbereitschaft und die damit völlig eingeengte Suche nach dem Ideal, dass es so Wahrscheinlich gar nicht gibt, ist praktisch zum Scheitern verurteilt.

- Ein häufiger, vorgeschobener, fadenscheiniger Grund ist Zeitmangel, er wird von vielen Singles für ihr Dasein angeführt. Wobei man sich doch einfach die Zeit nehmen sollte, wenn man wirklich jemanden kennenlernen möchte, um nicht allein durchs Leben gehen zu müssen.

- Ein gewisser Nachschub für die Singles erfolgt durch die ständig steigende Zahl der Trennungen und dem Verlust eines Partners. Und viele können nach dem Verlust kein Schlussstrich nach einem Beziehungstaus ziehen und sind nicht bereit für Neues.

Früher fand die Suche noch im wahren Leben statt. Man lernte sich kennen, indem man einfach vor die Haustür ging, das heißt seine vier Wände verließ. Ja, so einfach war es nun auch wieder nicht, man musste schon einiges auf sich nehmen und auch Mut aufbringen, einfach die Traumfrau oder den Mann anzusprechen. Eine Einladung ins Café oder Kino war da schon sehr hilfreich und konnte eventuell zu einer dauerhaften Beziehung führen. Aber auch auf den Tanzböden an den Wochenenden, konnten sehr schnell Kontakte geknüpft werden. Da konnte „Mann" die Auserwählte schon mal kurzzeitig im Arm halten, das heißt körperlichen Kontakt aufnehmen. Schon mein alter Tanzlehrer rief uns Jungen immer zu, die Damen auf Tuchfühlung nehmen.

Das heutige Singledasein war für Frauen und Männer keine Option, schon aus Tradition und wirtschaftlichen Gründen nicht. Heute wo Frauen und Männer wesentlich unabhängiger sind, jeder seine eigene Wohnung, sein Einkommen, seine Macken und zu hohe Ansprüche hat, fällt eine Auswahl viel schwerer.

Es gibt für dieses Verhalten bestimmt auch sogenannte wissenschaftliche Erhebungen und Analysen.

Ich möchte an dieser Stelle darauf hinweisen, dass das überwiegend meine persönlichen Ansichten sind, es mag wie gesagt durchaus noch eine Vielzahl andere Gründe geben!

Auf den nachfolgenden Seiten sollen nun wahre und halbwahre Geschichten über die heutige, hippe Partnersuche erzählt werden.

Trotz der häufigen Ernsthaftigkeit, doch immer mit einem gewissen Schmunzeln, der Dinge die tatsächlich passieren.

Es wurden absichtlich nur zehn Geschichten ausgewählt. Nicht etwa, weil nicht mehr zu erzählen wäre, aber kleine, handliche, dünne Büchlein lesen sich nun mal schneller in Bus und Bahn und sind leichter am Mann oder der Frau zutragen.

Das Buch soll keine Anleitung sein und ist damit auch kein Sachbuch. Es soll einfach nur unterhalten und gegeben falls bei dem einen oder anderen Leser Erinnerungen wachrufen, falls Sie ähnliche Dinge selbst erlebt oder erfahren haben, oder noch wollen. Ich wünsche allen viel Spaß beim Lesen.

Die gewählten Namen der einzelnen Personen sind frei erfunden, die Geschichten zu fünfzig Prozent wahr. Dem aufmerksamen Leser wird sicher auffallen, dass die Umgebung am Alexanderplatz beliebte Treffpunkte sind, wie die

Weltzeituhr, der Fernsehturm, der Neptunbrunnen und Das Nikolaiviertel.

1. Carola am Anleger

Seit geraumer Zeit empfängt mich zu Hause eine gähnende Leere und unheimliche Stille. Wenn die Tür hinter mir zufällt, fühle ich mich einsam und verlassen, da ist plötzlich niemand mehr zum Reden, Streiten, Kuscheln, keine die auf mich wartet. Ja, das ist total erdrückend und meine Stimmung unterirdisch, praktisch tief im Keller. Auf die Dauer kann das richtig depressiv machen. Meist grübelte ich fast den ganzen Abend, wie ich diese beschissene Situation ändern kann. Eine hilfreiche Ablenkung fällt mir sehr schwer. Eigentlich soll keiner der Familie und Bekannten genauer wissen, wie es gerade um mich steht. Aber Ich vermute alle haben es irgendwie mitbekommen, dass ich eine schmerzhafte Trennung hinter mir habe und wollen eigentlich nur Trost spenden. Eine gewisse Anteilnahme nimmt man ja dankend an, setzt sie vielleicht sogar voraus, aber auf die Dauer kann das auch nerven.

Aber was sollte ich machen, alles war bestimmt gut gemeint, half mir aber nicht so richtig weiter. Erstmal den Schmerz überwinden und Abstand gewinnen, nicht alles in mich hineinfressen, jedoch leichter gesagt als getan. In starken Stunden wollte ich alles abhaken, hinter mich lassen, vergessen und ganz einfach nur nach vorne schauen.

Meist hielt diese Phase nicht sehr lange an und ich verfiel wieder in eine depressive Stimmung, stark von Selbstmitleid geprägt.

Nach drei Wochen, wurde ich auf eine Werbung im Fernsehen aufmerksam, oder besser gesagt, ich dachte darüber nach. Ich kannte sie eigentlich schon länger, aber war davon überzeugt, dass so etwas nicht funktionieren kann, schon mal nicht in so kurzer Zeit. Vielleicht war es ein Versuch wert und ich sollte es einfach mal ausprobieren.

In der Werbung, " Ich PARSHIPE jetzt", wurde behauptet in elf Minuten eine Partnerin oder einen Partner zu finden. Das schien mir stark übertrieben. Die sehr attraktive Frau in der Werbung war bestimmt schon in festen Händen. Aber egal, irgendwas musste schon dran sein und ich wollte es unbedingt herausfinden und ausprobieren. Vielleicht würde ich ja Glück haben, eine neue Partnerin zu finden.

Nach einigen technischen, Anfangsschwierigkeiten, das heißt, mich in meinem Computer zurecht zu finden, habe ich es endlich gepackt, auf einer dieser Partner Plattform zu landen, aber noch nicht auf der gewünschten. Schnell musste ich feststellen, dass das auch Geld kostete, will man bei der Partnersuche mitspielen. Als Mitspieler musste ich erstmal ein Profil von mir erstellen, damit hatte ich nicht gerechnet, war aber eigentlich logisch, wonach sollten die Frauen suchen, wenn man dort nicht präsent war. Um überhaupt Chancen zu haben, musste „Mann" schon ein repräsentatives Profil von sich erstellen und auch ein halbwegs geeignetes Bild, hochladen.

Na ja, von elf Minuten konnte natürlich keine Rede sein, denn es vergingen Tage, bevor die Sache ins Laufen kam – und überhaupt ein passendes „Damenprofil" auf meinem Laptop erschien. Ich hatte ja u.a. Alter, Wohnort und passende Größe in meinem Wunschprofil angegeben und – zu alledem sollte sie natürlich auch noch unbedingt attraktiv aussehen.

ENDLICH erschien dann auf meinem Laptop nach unzähligen „Klicks“ DIE Traumfrau, die genau auf mein Wunschprofil passte, und außerdem noch umwerfend aussah. Ich war sofort hin und weg und wollte so schnell wie möglich einen persönlichen Kontakt herstellen.

Ich war zu diesem Zeitpunkt fest entschlossen, unbedingt auf diesem Wege eine Frau kennenzulernen, denn das Alleinsein war absolut auf die Dauer für mich nicht zu ertragen.

Meine „Traumfrau“ auf dem Bildschirm hieß Carola, und ich wollte unbedingt charmant, geistreich und mit Humor beim ersten persönlichen Kontakt punkten. Also nahm ich all meinen Grips zusammen und schrieb eine dementsprechende Anfrage, von der ich hoffe mich ins beste Licht gesetzt zu haben und erwartete eine positive Rückantwort.

Dann war der Abend gelaufen, ich war total nervös und wartete nur noch auf eine Antwort von ihr. Ständig schaute ich auf den Bildschirm, aber es tat sich nichts. Und dann endlich kam ihre Antwort. Ich hatte schon Schmetterlinge im Bauch – und war richtig happy, weil auch sie der

Meinung war, dass wir nicht so lange „drum herum reden sollten“.

Carola schlug vor, dass wir neben der Plattform unsere Handynummern und E-Mailadressen austauschen sollten.

Ich fand ihren Vorschlag toll und war sofort bereit dazu. Nach anfänglich zähen, etwas stockenden Gesprächen und einigen Mails bezüglich offener Fragen, einigten wir uns ziemlich schnell darauf, dass ein persönliches Treffen sinnvoller wäre als das hin und her Gedudel.

Hatten wir wirklich beide das gleiche Interesse, ich auf jeden Fall, war Feuer und Flamme. Aber mit der Abstimmung eines geeigneten Termins war es nicht so einfach und mir ging alles irgendwie nicht schnell genug.

Carola hatte eine äußerst sympathische Stimme, und ich rief sie täglich einmal an. Wie ich dann in Erfahrung bringen konnte, entscheidet die Frau, wo das erste Date stattfinden soll, wann, wo und wie.

Eigentlich immer auf neutralem Boden.

Und dann war es endlich soweit. Plötzlich hatte ich doch mächtig Bammel und schon lange keine Übung mehr, im Umgang mit fremden Frauen. Wie sollte ich auftreten, was anziehen, was sagen. Wie man so schön sagt, ist der erste Eindruck sehr wichtig und bleibt im Gedächtnis haften. Carola hatte Ort und Zeitpunkt bestimmt. Sie hatte sich mit mir an einem Samstag am Wannsee verabredet, der dortige Bootsanleger sollte unser Treffpunkt sein. Ich hatte zwar schon viel vom Wannsee gehört, war aber noch nie dort gewesen und wusste dem zur Folge auch nicht im ersten Moment, wie ich dort hinkomme. Aber wozu hat man ein Navi im Auto.

Ich war an dem Samstag viel zu früh dort und suchte mir einen Parkplatz in der Nähe, was nicht so einfach war, da viele das schöne Wetter nutzten um raus in die Natur zu fahren und die umliegenden Biergärten

zu belagerten. Ich kannte mich dort überhaupt nicht aus und spazierte erstmal an der Promenade entlang und sah mir die Gaststätten, deren Biergärten direkt an die Hauptstraße grenzten, an. Ich kam an einem Ruderclub, einem kleinen

Hotel und an zwei Gaststätten mit Biergarten und einem Kiosk vorbei. Der Anleger für die Dampfer lag gegenüber, praktisch auf der anderen Straßenseite, am Ufer.

Eine Infotafel für die An- und Abfahrt befand sich direkt am Großen Steg

und daneben mehrere Bänke mit Blick auf dem Wannsee. Ich suchte mir einen freien Platz in einem der Biergärten, von dem aus ich den Anleger direkt im Blick hatte und bestellte mir erst mal ein Bier.

Ich glaube ein Schnaps wäre besser gewesen, um die innere Unruhe zu besänftigen, aber das habe ich mich nicht getraut – ich wollte ja einen klaren Kopf behalten.

Nun beobachtete ich alle die sich im Umkreis des Anlegers befanden oder bewegten. Würde ich sie überhaupt an Hand des einen Fotos erkennen? Und was stand eigentlich nochmal in ihrem Profil?

Ich versuchte mich an ihre Interessen und Hobbys zu erinnern, um mir schon mal einige Worte zurechtzulegen, damit ich besser vorbereitet für unser erstes Date war.

Es war nur noch eine Viertelstunde bis zu unserem Treff, und ich wurde immer nervöser. Ja das Herz rutschte mir fast in die Hosentasche.

Vielleicht hatte sie mich ja schon entdeckt und zeigte sich nur nicht.

Aber ich konnte niemanden erkennen, der ihrem Bild ähnlich sah. Also bezahlte ich und ging auf die andere Straßenseite, setzte mich auf eine Bank links vom Anleger - denn nur von dort konnte sie kommen – aus der Richtung der Parkplätze, vermutete ich.

Ich schaute auf den See den Segel- und Motorbooten zu und versuchte mich zu entspannen.

Und dann stand sie plötzlich vor mir und lächelte mich an. Sie musste sich von hinten angeschlichen haben.

Ich fand ihr Äußeres einfach umwerfend, und war hin und weg. Meine Anspannung verflog im nu. Carola trug ein sexy Sommerkleid, dazu tolle

hochhackige Schuhe. Sie wirkte sehr natürlich und sympathisch in ihrer ganzen Erscheinung. Wir redeten einfach drauf los als würden wir uns schon länger kennen und ich hoffte natürlich, dass ich ihr auch gefiel und in ihr "Beuteschema" passte. Jedenfalls verließ sie unser Date nicht fluchtartig, was mich auf mehr hoffen ließ.

Wir suchten uns gemeinsam, einen der Biergärten aus, bestellten Getränke und einen kleinen Imbiss und jeder erzählte von sich und der andere hörte aufmerksam zu. Sie hatte natürlich viel mehr zu erzählen - und mir war das nur recht. Ich hörte ihr aufmerksam zu, was uns Männer ja nicht immer so leichtfällt, aber die Frauen lieben. Außerdem weiß „Mann" ja, dass Frauen am Tag drei- bis viermal so viele Worte reden, als wir Männer.

Wir hatten fast immer Blickkontakt und nahmen jede Reaktion des Anderen genau wahr. Mir ging es jedenfalls so und ich glaube Carola reagierte nicht viel anders.

Ich hatte kürzlich etwas über Körpersprache im Fernsehen bei einer Talkshow gesehen und danach das Buch von Thorsten Havener gekauft. „Ohne Worte, was andere über dich denken".

Trotz sehr aufmerksamen Lesens ist nicht viel in meinem Kopf hängen geblieben. Jedenfalls unterhielten wir uns über alles Mögliche und kamen uns näher.

Die erste Hürde war also genommen, die Sympathie überwog auf beiden Seiten, wir fühlten uns zu zweit sehr wohl - aber es knisterte noch nicht, wir brauchten einfach noch mehr Zeit. Es ratterte in meinem Kopf, wie lange dehnt man eigentlich so ein erstes Date aus und haben wir noch ausreichend Zeit, um uns noch näherzukommen?

Jedoch das bisher so schöne Wetter wollte nicht mitspielen, der Himmel zog sich zu, es fing gewaltig an zu donnern und zu blitzen, so dass unser erstes Treffen vorzeitig ins Wasser zu fallen drohte. Aber sie rettete die

Situation ganz professionell indem sie vorschlug, dass wir unser

Gespräch in einem italienischen Restaurant „gleich bei ihr um die Ecke“ fortsetzen sollten. Nun war mir klar, dass sie auch großes Interesse an mir hatte und mich wirklich näher kennenlernen wollte.

Dann machte sie auch noch den Vorschlag, zu ihr nach Hause zu fahren, was mir fast die Sprache verschlug. Ich sollte ihr mit meinem Auto folgen. Damit hatte ich nicht gerechnet. Aber ich war zu allem bereit, obwohl es mir eigentlich auch etwas zu schnell ging. Ich fuhr ihr hinterher und ließ meiner Fantasie freien Lauf.

Sie wird mich doch nicht wirklich mit zu sich nach Hause mitnehmen und wir landeten beim ersten Date vielleicht schon in der Kiste? Soll ich jetzt als Mann nein sagen, dass kämme gar nicht in Frage. „Mann“ lässt sich in solcher Situation leicht überreden.

Wir fuhren am Italiener vorbei und sie bog in eine Nebenstraße ein und bat mich, auf sie bei Italiener zuwarten. Sie wollte sich nur zu Hause schnell umziehen und würde dann nachkommen. Ich stieg aus und ging über die Straße zum Italiener. Carola fuhr weiter und verschwand um die nächste Ecke.

Damit war meine Fantasieblase zerplatzt, praktisch die Luft raus, ich war trotzdem sehr gespannt, wie es weitergehen würde. Das Gewitter war in der Zwischenzeit abgezogen und es regnete noch leicht, die Temperatur hatte sich merklich abgekühlt, so dass man auf keinen Fall nicht mehr draußen sitzen konnte, trotzdem einige Tische unter großen Schirmen noch besetzt waren.

So suchte ich einen ruhigen Fensterplatz in der Gaststätte aus.

Ich bestellte mir ein kleines Bier und wartete gespannt auf sie. Es verging nicht viel Zeit, und Carola betrat die Gaststätte. Sie wurde von dem Wirt hinter dem Tresen freundlich begrüßt und später auch vom Kellner. Ja, hier war sie offensichtlich bekannt, es war „ihr Italiener“ von dem sie gesprochen hatte. Sie trug jetzt eine karierte Sommerhose und einen dünnen, roten Pullover mit tiefem V-Ausschnitt. Sie hatte einen schönen großen Busen und konnte sich den Ausschnitt durchaus leisten.

Wir führten unser Gespräch nahtlos weiter und bestellten eine Flasche

Rotwein. Ja, unser Gespräch wurde immer offener und intimer, langsam näherten sich unsere Hände über den Tisch an. Wir saßen beide nach vorne gebeugt auf der Stuhlkante und ließen den anderen nicht aus den Augen. Irgendwie hatte es gefunkt, und ich hatte den Wunsch ihre Hände unbedingt zu berühren. An den hämischen Blicken und dem allgemeinen Interesse des Gaststättenpersonals für unseren Tisch vermutete ich, dass Carola hier schon andere Männer zum Date getroffen haben musste.

Ich überwand meine Zurückhaltung und setzte mein Glas immer weiter hin zu ihrem ab, um irgendwie mit ihrer Hand in Berührung zu kommen. Ich hielt es nicht länger aus und musste die Grenze der Tischmitte überschreiten und ihre Hand zu berühren. Sie ließ es ohne Worte zu.

Ich denke, sie hatte darauf gewartet. Im weiteren Verlauf des Gesprächs hielten wir uns an den Händen, strahlten uns an und fühlten uns sehr wohl dabei. Am liebsten wäre ich ja noch viel länger geblieben, aber die Zeit rückte rasend voran und der Abschied kam unausweichlich.

Ich hatte auch irgendwo gelesen, dass man das erste Date nicht zu lange ausdehnen sollte. Sie erzählte mir von ihrer großen Leidenschaft - dem Tango tanzen. Da konnte ich leider nicht mitreden, da ich diesen Tanz zwar vom Musikalischen und Rhythmus her kannte, aber ihn keinesfalls beherrschte oder mir vorstellen konnte ihn jemals zu erlernen.

Carola ließ nicht aus, mitzuteilen, dass sie beim Tanzen schon nette Tanzpartner kennen gelernt habe, auf die ich unbekannterweise natürlich sofort eifersüchtig war. Seit sechs Wochen ging sie einmal wöchentlich in den Tanzkursus. Langsam wurde es Zeit, sich zu verabschieden, Ich bezahlte die Rechnung und wir gingen Hand in Hand zu meinem Auto, umarmten und küssten uns flüchtig zum Abschied. Zuvor hatten wir verabredet weiterhin über Handy oder E-Mail in Verbindung zu bleiben. Das wollte ich auch nach unserer ersten Begegnung unbedingt. Ich war mir sicher auch Carola wollte es. Ja, ich hatte das Gefühl, dass auch sie nicht abgeneigt war und mich wiedersehen wollte.

Auf der Rückfahrt, war ich völlig in Gedanken versunken und lenke mein Auto nur noch rein mechanisch über die Stadtautobahn. Carola ging mir einfach nicht mehr aus dem Sinn, am liebsten wäre ich wieder umgekehrt, aber ich wusste ja nicht wo sie wohnt und mein Verstand setzte wieder ein und ich sagte zu mir: „Mensch Junge, sei doch nicht so ungeduldig, lass es ruhig angehen, bloß Nichts überstürzen“.

Am nächsten Tag schrieb ich ihr einen Liebesbrief per Mai., Ich gestand ihr all meine Gefühle, meine Schmetterlinge im Bauch, vielleicht hatte ich etwas zu dick aufgetragen, aber in dem Moment ging es einfach nicht anders. Natürlich wollte ich sie so schnell wie möglich wiedersehen.

Sie antwortete noch am selben Tag und meinte, dass ihr das alles zu schnell ginge und wir müssten uns doch erstmal besser kennenlernen.

Ich hatte meinen Vorsatz des ruhigen Angehens über den Haufen geworfen und an Tempo zugelegt. Irgendwie schwirrten die Tangotänzer in meinem Kopf herum. Sie stellten für mich eine große Konkurrenz, mit festen Terminen dar. Damit musste ich notgedrungen erst einmal fertig werden, damit leben. Meinem Gefühl nach hatte ich auf Anhieb schon die richtige Partnerin gefunden. Carola konnte ich in diesem Moment nicht verstehen, ich dachte wir wären schon weiter, aber ich musste ihren Wunsch akzeptieren. Noch wusste ich nicht, was genau dahintersteckte.

Ich schöpfte wieder etwas Hoffnung, da Carola ihrerseits ein Treffen für den kommenden Samstag am Alex in Kartoffelhaus vorschlug. Natürlich fieberte ich dem Wochenende entgegen und freute mich riesig auf unser nächstes Treffen, aber die Zeit verging nur sehr schleppend, ja sie schlich förmlich dahin. Dann rief sie mich drei Tage vorher auf dem Handy an und wollte sich mit mir auch noch am Sonntag treffen.

Plötzlich zwei Dates hintereinander, machte mich etwas stutzig. Hatte sie ihre Meinung plötzlich geändert, sie wollte es doch langsamer angehen lassen? Ich hatte zu diesem Zeitpunkt überhaupt nichts dagegen, eigentlich fand ich es gut, das ganze Wochenende mit ihr zu verbringen. Unerwartet wurde ich dann für den kommenden Samstag, von der Verwandtschaft zu einem runden Geburtstag eingeladen. Es sollte eine große Party steigen und mein Fernbleiben hätte die ganze Familie sehr übelgenommen. Nun hatte ich wahrlich ein Problem.

Wem sollte ich absagen? Ich ging aber davon aus, dass ein ganzer Sonntag mit meinem neuen „Schwarm" für den Anfang auch reichen würde. Wir hatten ja alle Zeit der Welt, so dass ich durchaus am Samstag zur Familienparty gehen konnte. So wäre beiden genüge getan.

Zuerst rief ich die Verwandtschaft an, bedankte mich für die Einladung und bestätigte mein Kommen. Vor der Absage für unser Treffen am Alex hatte ich großen Bammel. Wie würde sie reagieren. Für das Telefonat ließ ich mir noch einen Tag Zeit, um mir die richtigen Worte zurechtzulegen. Eigentlich war es Carola, die es langsamer angehen wollte. Aus meiner Sicht war der gemeinsame Sonntag als unser zweites Treffen eigentlich ausreichend.

Sie reagierte jedoch ganz anders, als ich erwartet hatte. Sie war äußerst sauer und damit überhaupt nicht einverstanden. Alle meine Argumente wollte sie nicht akzeptieren und nun auch unser zweites Treffen am Sonntag platzen lassen. Jedenfalls ging es hin und her, ohne dass wir uns einigen konnten, am Ende legte sie wutentbrannt auf. Ich versuchte es noch mehrmals, Carola auf ihrem Handy zu erreichen, aber ohne Erfolg.

Ich setzte mich an meinen Computer und schrieb ihr eine schlichtende E-Mail, natürlich wollte ich wissen, wie es mit uns weitergehen sollte und was nun mit dem Sonntag werden sollte, den ich schon gedanklich abgehakt hatte.

Einige Stunden später bekam ich eine Rückmeldung, in der sie immer noch sauer auf mich war, weil ich den Samstag so kurzfristig abgesagt hätte, und nun wollte sie mich am Sonntag auch nicht mehr sehen, damit konnte ich erstmal alles vergessen. Also kein Treffen mit Carola am Wochenende. Nun war erstmal Sendepause zwischen uns beiden dachte ich, aus viel Zweisamkeit wurde viel Einsamkeit.

Carola schlug dann später doch noch ein Treffen am kommenden Freitag, am Alex vor. Dorthin konnte ich bequem mit dem Regio fahren und brauchte kein Auto, schon wegen der schlechten Parkmöglichkeiten in Berlin.

Vom Bahnhof wollte sie mit mir durchs Nikolaiviertel schlendern und irgendwo in ein Café einkehren. Ich fand die Idee hervorragend und freute mich ganz doll auf ein Wiedersehen. Außerdem schrieb sie mir noch, dass sie nun an zwei Tagen in der Woche zum Tango tanzen ginge, trotz ihrer Teilzeitbeschäftigung in einer Apotheke könnte sie das zeitlich gut schaffen. Da drängten sich gleich wieder die Gedanken der Eifersucht auf. Die tollen Tänzer, könnten echt zu Konkurrenten werden.

Carola bekam seit Anfang des Jahres schon Rente, aber als Apothekerin arbeitete sie noch dreimal die Woche 4 Stunden als Aushilfe, um diese aufzubessern. Als Alleinstehende waren die Ausgaben fürs normale Leben hoch und sie hatte noch viele Wünsche, die sie sich erfüllen wollte. Ich bezog noch Arbeitslosengeld 1 und sollte Anfang des kommenden Jahres meine erste großartige Rente erhalten, das heißt wesentlich weniger Geld.

Am Freitag wartete ich ungeduldig am Bahnhof, direkt an der Welt Uhr, einem sehr beliebten Treffpunkt und war wieder mal viel zu früh da.

Dann erspähte ich sie - ich stürmte auf sie zu, wollte sie freudig begrüßen, drücken und ein Küsschen auf die Wange geben, aber sie wich mir aus und es blieb bei einem freundschaftlichen Händedruck.

War sie etwa immer noch sauer, oder war es ihre Art, alles etwas ruhiger anzugehen. Ich hatte mir schon einen Plan für den Ablauf unseres Treffens zurechtgelegt und wollte sie erst einmal zu einem Eisbecher unter dem Fernsehturm einladen.

Aber wir hatten kein Glück einen freien Tisch zu bekommen, alle Tische waren besetzt bei diesem schönen Wetter. Aber dann hat es doch noch geklappt, an einem der Tische waren noch zwei Plätze frei. Wir bestellten uns zwei Eisbecher und einen Eiskaffee und warteten.

An unserem Tisch saßen zwei Frauen, die ihre Blicke über die Menge schweifen ließen und ab und zu mit einander tuschelten, als würden sie sich über die vorbeikommenden Leute und uns unterhalten. Wir hatten beide große Schwierigkeiten ein vernünftiges Gespräch in Gange zubringen. Über unsere Befindlichkeiten, die uns unter den Nägeln brannten, mir jedenfalls. Irgendwie hatten wir keine Traute vor unseren Tischnachbarn einen geeigneten Anfang zu finden und wir schwiegen uns mehr oder weniger an. Wir aßen unsere Eisbecher „ohne viel Worte“ und hofften, bald den Tisch für uns allein zu haben, da die beiden Damen bezahlen wollten. Aber wir hatten Pech, kaum waren sie aufgestanden, kamen schon zwei neue Gäste und fragten nach den Plätzen. Am liebsten hätte ich verneint, wir entschlossen uns zu bezahlen und aufzubrechen, so wurde das nichts.

Auf unserem Weg zum Nikolaiviertel, wollte auch kein richtiges Gespräch in Gange kommen, vielleicht war auch der Straßenlärm viel zu laut?

Im Nikolaiviertel war es dann entschieden ruhiger, aber wir konzentrierten uns mehr auf die Schaufensterauslagen und hielten Ausschau nach einem geeigneten Café, wo wir in Ruhe über uns sprechen konnten.

Und wir hatten Glück, es gab einen freien Tisch nur für uns beide.

Irgendwie fühlte ich, sie hatte in der Zwischenzeit einen anderen Mann kennengelernt. Der konnte bestimmt sehr gut Tango tanzen, und war häufig ihr Tanzpartner. Ich ließ mir aber nichts anmerken und versuchte sie irgendwie zu unterhalten und mich von meiner besten Seite zu zeigen. Ab und zu klang dann durch, dass es ihr alles zu schnell mit uns ginge. Meine Meinung hielt ich hinter dem Berg, wie man so schön sagt, und nickte nur zustimmend. Ich hatte das Gefühl, so richtig locker würden wir beide heute nicht mehr werden. Nach dem Cafébesuch spazierten wir zum S-Bahnhof und verabschiedeten uns mit einer leichten Umarmung und einem angedeuteten Kuss auf die Wange.

Ich hatte das Gefühl als sagte sie, lebe wohl das war’s mit uns beiden, praktisch ein Abschied für immer.

Auf der Heimfahrt dachte ich krampfhaft über unsere kurze Episode nach. Dahinter konnte nur ein anderer Mann stecken, denn ich war mir eigentlich keiner Schuld bewusst. Ja, vielleicht etwas zu überhastet, was hatte ich nur falsch gemacht?

War aus unserem geplanten zwei Tage Date nun ein missglücktes Date geworden, aber wo lag das Problem? Da sollte einer schlau draus werden. Eigentlich wollten wir uns langsam besser kennen lernen. Aber diese Chance war nun vertan. Ich fand ihr Verhalten recht egoistisch, aber es sollte eben nicht sein. Vermutlich musste ich der Konkurrenz eines anderen Mannes weichen, aber so ist das Leben. „Eine Beziehung zu einer Frau kann „Mann“ nicht erzwingen“.

Aber wie heißt der schöne Spruch, „Andere Mütter haben auch schöne Töchter“ und der Singlemarkt ist voll davon.

Also musste ich weiterhin parshippen, um eine Partnerin zu finden.

Ich hatte mit Carola nur ein Eisen im Feuer, Carola bestimmt mehrere, da war es vielleicht besser rechtzeitig aufzugeben, als später noch enttäuschter zu seien.

Ich bin um eine Erfahrung reicher geworden, „Wenn Frauen aus Glas wären, sie blieben doch undurchschaubar“.[2]

Aber die Geburtstagsparty am Samstag genoss ich sehr und spülte meinen Frust mit reichlich Alkohol herunter, erzählte aber niemandem von der kurzen Episode mit Carola, ja Niederlagen behält „Mann“ für sich.

---

[2] unbekannt

2. Beate

Beate hatte die Nase voll und schon über längere Zeit ausgesprochen schlechte Laune. Vor vier Monaten hatte sie sich von Waldemar getrennt - na ja eigentlich war es seine Initiative gewesen, weil sie keinen Bock auf Sex mehr hatte und sie aus dem gemeinsamen Schlafzimmer ausgezogen war.

Sie begründete diesen Schritt, dass sie sein Schnarchen nicht mehr ertragen könne. Das war natürlich nicht der einzige Grund, es passte für Beate auf die Dauer nicht, es war für sie nicht mehr Genuss, sondern mehr eine Qual bis er beim Sex nach kurzer Zeit von ihr abfiel und sofort laut zu schnarchen begann. Vorher jedoch stellte Waldemar die obligatorische Frage, bei der die Männer am häufigsten von den Frauen belogen werden; „Wie war ich?“[3]

Immer häufiger gab es Reibereien zwischen ihnen wegen Kleinigkeiten, eigentlich waren es Nichtigkeiten, irgendwas störte sie immer an ihm. Damit wurde die Ablehnung gegenüber Waldemar immer größer.

Um sich etwas abzulenken und sich nicht ständig zu bedauern, hatte sie sich erst einmal ein paar Nächte in mehreren Bars ausgetobt, in der Annahme, ein neues Opfer für guten Sex aufzureißen.

Na ja, das Ergebnis war ernüchternd, sowie das Erwachen nach den nächtlichen Ausflügen. Beate hoffte bei ihrer Nachbarin Petra Trost zu finden. Allerdings war Petra in diesen Fragen nicht gerade die richtige Ansprechpartnerin. Sie hatte das Thema Männer so gut wie abgeschlossen. Es sollte kein

---

[3] Seite 303 Allen & Barbara Pease, „Warum Männer lügen und Frauen immer Schuhe kaufen“

Mann mehr in ihrem Leben eine Rolle spielen, obwohl sie erst auf die Fünfzig zuging, sie hatte nun seit fünf Jahren keinen Mann mehr. Das war für Beate vollkommen unverständlich und kam für sie, nur unwesentlich jünger, überhaupt nicht infrage.

Bei Petra konnte Beate schon ihre Sorgen abladen, sie hörte meist unaufgeregt zu, saugte ihre Probleme auf und wollte, wenn möglich auch helfen. Sie mochte Beate die häufig etwas chaotisch war.

Eines Tages kam Petra mit einer umwerfenden Idee um die Ecke, dem Online Dating. Hier konnte man eine ausreichende Klientel an Männern ganz bequem kennenlernen. Sie hatte die Information von ihren Kolleginnen im Büro, die häufig während der Arbeitszeit im Netz chatteten, natürlich nur, wenn mal Flaute war, denn der Chef durfte es auf keinen Fall mitbekommen.

Petra als totale Fachkraft am PC, wolle Beate dabei natürlich kräftig unter die Arme greifen. Und so gingen beide gemeinsam an die Umsetzung dieser Idee. Wie schon erwähnt hatte Beate nicht allzu viel technisches Know-how am Computer, damit übernahm Petra diesen Part. Zuerst suchten sie ein schmeichelhaftes Foto zum hochladen, das leider nicht mehr ganz taufrisch war, aber egal, eine gewisse Ähnlichkeit lag auf jeden Fall vor. Mit dem Erstellen eines anspruchsvollen Profils kamen sie sehr schnell voran, nicht das gelogen wurde, das sich die Balken bogen, nein nur leicht an der Wahrheit vorbei formuliert.

Welchen Typ Mann Beate eigentlich im Netz suchte war nicht so einfach, denn wenn sie so in sich „reinhorchte“ und ehrlich zu sich selbst war, konnte eigentlich sowieso kein Mann ihren Vorstellungen entsprechen.

Die typischen Klischees vor Augen, sollte Mann - gutaussehend, groß und schlank, sportlich, intelligent, und gut situiert sein. Natürlich auch humor- und liebevoll, eben alles was alle wollten, egal ob Männer oder Frauen. Aber warum sollte sie es nicht einmal probieren. Die Kosten

für dieses Portal fielen monatlich an und waren erschwinglich.

Sie konnte schon gewisse Anforderungen stellen, schließlich hatte Beate ja auch einiges zu bieten: Sie war mittelgroß, schlank, blond, und wie ihr immer wieder versichert wurde, sehr attraktiv. Sie sah auch wesentlich jünger aus und machte einen guten Eindruck, sie konnte auch sehr charmant seines und hatte ein einnehmendes Wesen. Beate verfügte über eine ausgezeichnete Allgemeinbildung und konnte ein angenehmer Gesprächspartner sein.

Die suchenden Männer ließen nicht lange auf sich warten und Bea hatte einiges abzuarbeiten, mit Stress hatte sie nicht gerechnet. Erst mal alles auflisten, abwägen und dann filtern, wo steckte der Traummann? Nun mussten die Fotos für das entscheidende Auswahlkriterium herhalten, aber wie aktuell waren sie?

Mit einem musste sie beginnen und Kontakt aufnehmen, oder vielleicht gleich zu mehreren, praktisch mehrere Eisen im Feuer zu haben. Dabei aber möglichst nicht durcheinanderkommen. Sie hatte endlich drei Männer herausgefiltert, bei denen eine Kontaktaufnahme recht spannend sein könnte. Ja, Ulli, Mathias und Stephen waren die erwählten Opfer, aber ob das ihre richtigen Namen war wusste Beate nicht, da sich viele mit Nickname anmeldeten. Alle Drei melden sich auch zeitnah und waren zu einem persönlichen Treffen, oder wie man heute zu sagen pflegt, zu einem Date bereit. Petra war auf eine Tasse Kaffee und anschließenden zu einer Flasche Prosecco vorbeigekommen, um die drei Herren zu sondieren, ihre Meinung abzugeben und ihre Reihenfolge festzulegen. Beate hatte sie dazu eingeladen, sie brauchte dabei unbedingt Hilfe. Der Abend artete in lange Diskussionen aus, es wurde viel gelacht und auch noch eine zweite Flasche geköpft, so dass beide am Ende einen leichten Schwips hatten, ohne so richtig in der Auswahl vorangekommen zu sein. Das musste Beate erstmal überschlafen.

Am nächsten Morgen war sich Beate ziemlich sicher, mit Mathias zu beginnen und mit ihm ein zwangloses Treffen zu vereinbaren. Da kam nur der Italiener in der Bahnhofstraße in Frage. Dort gab es sehr gutes Essen, eine nette Bedienung und es war außerdem nicht weit weg von ihrem zu Hause.

Beate hatte schließlich als Frau Heimvorteil. Mathias kam aus Berlin und konnte entweder mit der S-Bahn oder dem Auto anreisen. Aber auf die Bahn war schon lange kein Verlass mehr, ständige Zugausfälle, häufig Schienenersatzverkehr und lange warte Zeiten.

Also kam für Mathias nur das Auto infrage. Dass er so schnell durch den Verkehr kommen würde, damit hatte er nicht gerechnet und war schon zehn Minuten früher vor Ort. Mathias wartete vor der Eingangstür auf Beate. Zuvor hatte er schon einen kurzen Blick in das Restaurant geworfen, aber

Beate nicht entdecken können. Einige Minuten später erreichte auch sie den Italiener. Sie begrüßte Mathias vor dem Eingang mit ihrem freundlichsten Lächeln und beide betraten das Lokal. Ein Kellner steuerte gleich auf sie zu und begleitete sie an einen der freien Tische. Nach der Aufnahme der Getränkebestellung viel Beate mit Fragen über Mathias her. Er hielt den vielen Fragen stand und hoffte auch mal zu Wort zu kommen. Aber weit gefehlt, Beate gab das Mikro nicht aus der Hand. Die Antworten gefielen ihr, jedenfalls wurde sie langsam immer entspannter und setzte wieder ein freundliches Lächeln auf. Mathias hatte eine große Drei-Raumwohnung in Berlin Treptow, arbeitet als Meister bei Narva. Er reiste sehr gerne ins Ausland, Spanien, Portugal, Italien und Griechenland waren seine Lieblingsziele. Auch mit dem Kreuzfahrtschiff hatte er diese Länder, teilweise schon bereist. Mathias liebte Musik, tanzte gerne und war großer Fan vom Oktoberfest, allerdings hatte er es bis nach München auf die Wiesen noch nicht geschafft.

Es zeichneten sich schon gewisse Gemeinsamkeiten ab. Daran wollte Beate auf jeden Fall festhalten und versuchte schon das nächste Date zu verabreden. Auch Mathias hatte ähnlich, positive Eindrücke und fand Beate nett, ein bisschen zu aufdringlich, aber insgesamt ganz toll. Mathias konnte nicht anders, er musste Beate zu Abschied in den Arm nehmen und auf die Wange küssen. Sie ließ es einfach geschehen und bewunderte seinen Mut, der weiß was er will.

Das nächste Treffen sollte am Wochenende in Krummensee stattfinden, nach einem ausgiebigen Spaziergang wollte Beate mit Mathias das Strandhaus aufsuchen, einem kleinen Restaurant direkt am See. Natürlich fieberten beide ungeduldig auf das zweite Date zu.

Diesmal entschied sich Mathias nicht mit dem Auto zu kommen.

Er nahm die S-Bahn in Richtung Königs Wusterhausen. Was er leider nicht wusste, dass es ab Grünau nicht normal weiter ging nur mit dem Schienenersatzverkehr. Also runter von Bahnsteig zur Bushaltestelle, rein in den Bus und ab über die Dörfer Schmöckwitz, Eichwalde, Zeuthen, Wildau bis zum Bahnhof Königs Wusterhausen.

Der Bus war natürlich rappelvoll und kein Sitzplatz. Zeitlich war Mathias nun total ins Hintertreffen geraten, den Termin mit Beate am Krummensee konnte auf keinen Fall einhalten. Also griff er im Bus zu Handy um Beate zu informieren. Die Verbindung war sehr schlecht und außerdem quatschten im Bus alle lautstark durcheinander, so dass Beate ihn kaum verstehen konnte. Alles verschob sich um fast eine Stunde nach hinten, bis sie sich zum zweiten Mal am See wiedersahen.

Bevor sie das Restaurant am Strand aufsuchten wollten Beate noch einen Spaziergang an der Uferpromenade machen und Mathias den schönen See zeigen. Dort konnte man an mehreren Stellen baden gehen, Kahnfahren und auch gut angeln. Der komplette Weg um den See war wunderschön, war jedoch viel zu lang und Beate wollte nur eine kleine Runde drehen. Mathias ließ sich gerne führen und genoss die schöne Umgebung mit Beate, die immer einen Schritt voraus war. Es waren sogar einige Angler auf dem See zu sehen. Beate erklärte ihm, dass sich am See drei Angelvereine befanden, mit Vereinsheimen und Bootsstegen. Leider gab es direkt an der Uferpromenade, wo man nicht beobachtetet werden konnte, keine Bank zum Verweilen. So mussten sie sich ins Gras setzen um in Ruhe über den See schauen zu können.

Natürlich wollte Beate auch berührt und geküsst werden und sie rückte näher an Mathias ran, der dann auch gleich seinen Arm um ihre Schulter legte und sie küssen wollte, dabei machte es irgendwo knack im Rücken und er wollte schon einen Rückzieher machen, doch Beate vollendete den Kuss. Danach musste sich Mathias aufhelfen lassen und im Stehen klappte alles viel besser. Der Angler auf dem See hatte sie natürlich beobachtet, aber Beate kannte ihn nicht, also halb so schlimm. Als sie sich dann endlich trennten, wollte Beate so schnell wie möglich ins Restaurant, einen schönen Platz im Biergarten, mit Blick auf den See in Beschlag nehmen. Sie wollte gemütlich etwas essen und trinken und mit Mathias tiefer ins Gespräch eintauchen. Sie hatte noch einige offene Fragen an ihn, die ihr förmlich auf der Zunge brannten.

Beate empfand und war sich dabei ziemlich sicher, dass Mathias ganz gut zu ihr passte und sie nun nicht lockerlassen sollte. Mathias Verhalten signalisierte ihr, dass er ähnliche Gedanken haben müsste. Beate hatte sich zum Essen ein Glas Rose Wein bestellt und Mathias ein großes Bier. Es blieb nicht bei dem einen Glas und Beate wurde immer ausgelassener und zutraulicher. Auch Mathias trank noch ein großes Bier und einen Schnaps nach dem Essen, zur guten Verdauung, wie er es sich einredete. Außerdem war er ja nicht mit dem Auto unterwegs.

Beate fasste den Entschluss Mathias abzuschleppen, das heißt, ihn mit zu ihr nach Hause zu nehmen. Sie war fest der

Meinung ihn ohne Probleme rumzukriegen. Nachdem Mathias die Rechnung bezahlt hatte hakte Beate ihn einfach unter und sie gingen gemeinsam in den Ort zurück. Sie steuerte auf ihre Wohnung im Vierfamilienhaus zu. Der Bus zur S-Bahn fuhr alle Stunde, aber sie kannte den genauen Fahrplan nicht und ihn mit dem Auto zur Bahn bringen, konnte sie nach mehreren Weingläsern vergessen, also war Mathias praktisch gefangen.

Für ihn stellte es überhaupt kein Problem dar, im Gegenteil.

Zu Hause angekommen nahmen sie im Wohnzimmer auf der Couch Platz, Beate holte noch Getränke ran, für sich ein Glas Wein und Mathias ein Bier. Nach kurzer Zeit rückten sie auf der Couch immer näher zusammen und küssten sich leidenschaftlich. Mathias fing an, an ihr rumzufummeln, seine Hände waren plötzlich überall. Beate wehrte ihn leicht ab und wollte das Geschehen langsam ins Schlafzimmer verlegen.

Auf ihrem Bett ging es dann richtig zur Sache. Erschöpft sanken sie in die Kissen zurück und Mathias wollte schon die ultimative Frage stellen: „Wie war ich?“ Doch er verkniff es sich, den darauf wurde gelogen, dass sich die Balken biegen. Ihm hatte es jedenfalls gefallen und er empfand volle Befriedigung. Jetzt fehlte nur noch die Zigarette danach.

Beate hatte Temperament, war total sexy und kannte sich aus was Männern gefällt. Nun hieß es sich den Mann warm zu halten. Auch Mathias hatte eine neue Eroberung gefunden und so gab es zwischen ihnen noch weitere Treffen. Allerdings dachte keiner von beiden an eine feste Bindung, kein Zusammenziehen und beide waren glücklich und zufrieden mit der Beziehung.

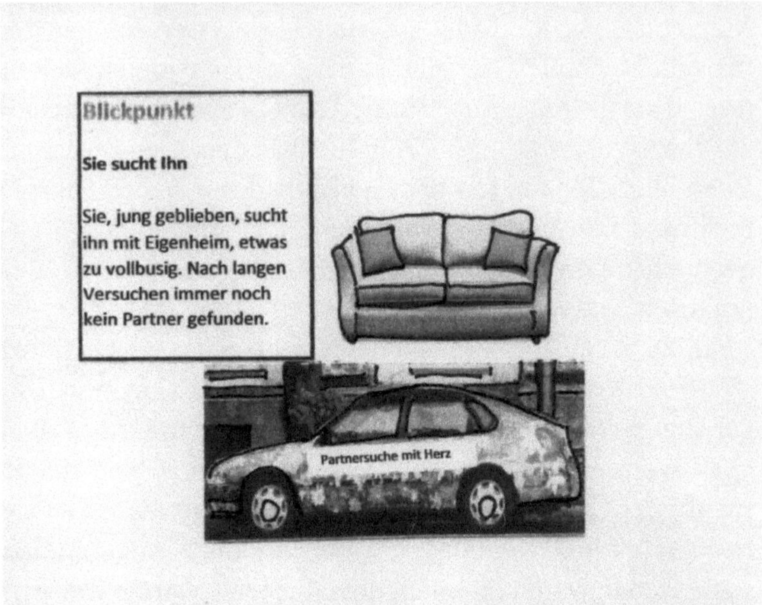
Blickpunkt
Sie sucht Ihn
Sie, jung geblieben, sucht ihn mit Eigenheim, etwas zu vollbusig. Nach langen Versuchen immer noch kein Partner gefunden.
Partnersuche mit Herz

3. Die Zeitungsannonce

Wenn „Mann“ in den besten Jahren plötzlich solo ist und vorher lange in einer Beziehung gelebt hat, ändert sich auf einen Schlag alles. Ja, anfangs genießt „Mann“ die sogenannte Freiheit und teilweise die Einsamkeit, mal Dinge zu tun auf die „Mann“ richtig Lust hat. Aber schon ziemlich schnell weiß „Mann“ nichts mehr mit der vielen Freiheit anzufangen und er sehnt sich doch nach einer Zweisamkeit.

Die meisten Menschen wünschen sich eine Partnerin, einen Partner, oder einen guten Freund. So ging es auch Thorsten Schmidt. Er tat viele Dinge die vorher undenkbar waren. Er schlief bis in die Puppen, ging häufig in die Kneipe, besuchte Bars bis spät in die Nacht und vernachlässigte dabei seine Gesundheit. Er rauchte und trank zu viel, keiner kontrollierte ihn mehr, wie zuvor seine Frau. Aber die war nun Geschichte. Er ließ sich praktisch haltlos treiben, ohne jegliche Struktur, die bisher sein Leben bestimmt hatte.

Nach einiger Zeit fand Thorsten, dass es auf Dauer nicht so weitergehen konnte. Er wollte sein Leben wieder in richtige Bahnen bringen und mit einer neuen Partnerin an alte Zeiten anknüpfen. Er musste einfach feststellen, dass das Singledasein nicht sein Ding war, er brauchte jemanden an seiner Seite, die ihn führte und in die richtige Spur brachte.

Jede Woche hatte er neben viel Reklame mehrere Zeitungen in seinem Briefkasten, den Wochenspiegel, den Blickpunkt und den KW- Kurier. Im Kurier war für ihn nur die letzte Seite interessant, dort wo immer eine nackte Schönheit abgebildet wurde. Ansonsten überflog er im Laufe des Tages die meisten Artikel sehr flüchtig und blieb jedes Mal etwas länger bei den Heiratsannoncen hängen, speziell „Frau sucht Mann“.

Da suchten Frauen nach einem männlichen Partner und beschrieben sich kurz oder auch etwas ausführlicher, besonders über ihr Aussehen. Es waren ganz junge aber auch erfahrene und wesentlich ältere Frauen aus der Umgebung. Ja, ihnen allen ging es wie Thorsten, sie suchten nach einem passenden Partner oder Partnerin. Vielleicht konnte er ja über diesen Weg seine Situation ändern?

Thorsten fiel auf, dass von Zeit zu Zeit immer wieder dieselben Frauen in den Annoncen auftauchten. Selten waren Fotos dabei, also brauchte „Mann“ schon Fantasie, um sich die Frau nach ihrer Beschreibung vorstellen zu können.

„Eine Frau mit Haus und toller weiblicher Figur, etwas zu großem Busen, war schon völlig verzweifelt einen Mann zu finden. Angeblich meldete sich niemand auf ihre Annonce und das war eine die er schon mehrmals gelesen hatte. Das konnte Thorsten gar nicht verstehen, da müsste „Mann“ sich doch sofort melden. Eigentlich müsste sich die tolle Unbekannte vor Zuschriften nicht retten können. Und er fasste den Entschluss, der Sache auf den Grund zu gehen. Siehe da, unterhalb der Annonce stand sogar eine Telefonnummer.

Da wollte er doch gleich mal anrufen. Doch dann zögerte er, was sollte er eigentlich sagen, wenn sich am anderen Ende die Frau melden würde. Und so dachte Thorsten erstmal in Ruhe darüber nach und verschob den Anruf auf den nächsten Tag.

Am nächsten Morgen, nach dem Frühstück, machte sich Thorsten einige kurze Notizen auf einen Schmierzettel und wählte die angegebene Handynummer. Nach mehrmaligen Klingeln meldete sich am anderen Ende eine helle, angenehme Frauenstimme.

Unter Zuhilfenahme seiner Notizen, versuchte er sich irgendwie verständlich zu machen, was er im Grunde eigentlich wollte. Er nahm an die verzweifelt suchende Frau aus der Zeitschrift Blickpunkt zu sprechen, um sie kennenzulernen.

„Hallo hier ist Monika Müller von der Partnervermittlung, die Frau aus der Annonce ist nicht am Apparat", meldete sich die Stimme. „Was, wieso? Sie sind Mitarbeiterin einer Partnervermittlung, habe ich etwa eine falsche Nummer gewählt"? „Nein, sie sind hier schon richtig", versuchte ihm Frau Müller klarzumachen. „Nein, diese Frau können sie nicht erreichen, sollten sie aber eine Partnerin suchen und Interesse an einer Vermittlung haben, stehe ich ihnen gerne zur Verfügung". Nun wunderte er sich doch: „Was, ich kann die Frau aus der Annonce nicht persönlich sprechen" und eigentlich wollte er schon auflegen, doch die Frau am Telefon wollte nun wissen, ob er eine Partnerin suche und eine persönliche Beratung mit ihr verabreden wolle.

„Eigentlich ja, sagte er. Wenn es dann nicht anders möglich ist, können wir durchaus einen Termin vereinbaren". Er wollte diese Frau unbedingt kennenlernen, die so verzweifelt und erfolglos nach einem Partner suchte.

Dann stimmten sie gemeinsam einen Termin in Thorstens Wohnung ab, praktisch ein Hausbesuch der Partnervermittlung. Ihm war die Sache nicht ganz geheuer, aber er wollte ja unbedingt das Geheimnis dieser Frau lüften.

Am Donnerstag war es dann soweit, um 17 Uhr sollte Frau Müller aufkreuzen. Um diese Zeit stand Thorsten bereits schon länger am Fenster und blickte hinter der Gardine auf die Straße. Dann fuhr ein sehr buntes Auto mit einer Blumenbordüre und der Aufschrift, Partnersuche mit Herz, vor. Ausstieg eine blonde, attraktive Frau, Mitte Vierzig und ging auf seinen Hauseingang zu. Er dachte, hoffentlich bekommt niemand im Hause mit, dass die Dame mit dem äußerst auffälligen Auto seine Besucherin war. Dann klingelte es auch schon und er öffnete ihr die Tür.

Sie stellte sich als Monika Müller von der Partnervermittlung mit Herz vor und er erwiderte nur kurz: „Thorsten Schmidt“. Dann führte er sie ins Wohnzimmer und bot ihr einen Platz auf dem Sofa an. Die Kaffeemaschine war schon durchgelaufen und die Frau nahm die Tasse dankend entgegen. Dann befragte sie Thorsten nach seinen Wünschen und Vorstellung zu einer Partnerin. Wie sie aussehen sollte, ihre Charaktereigenschaften, ihre Figur und Größe, nach ihrem Alter und welche Interessen sie haben sollte?

„Sie suchen doch noch eine Partnerin, ansonsten hätte sie ja nicht angerufen und einen Termin vereinbart?“ Frau Müller sah ihn fragend an. Er hatte sich bis dahin noch nicht so konkrete Vorstellungen gemacht, ihn interessierte eigentlich die Annonce der jungen hübschen Frau mit Haus und Grundstück, die seit längerer Zeit verzweifelt einen Partner suchte.

„Die Frau mit der tollen weiblichen Figur, mit Haus und Garten, entspricht eigentlich meinen Vorstellungen“, antwortete er resolut. Nachdem Frau Müller ihre Kaffeetasse abgesetzt hatte, schaute sie Thorsten verwundert an und sagte: „Ich glaube, ich muss ihnen da etwas erklären. Wir als Partnervermittlung schreiben die Annoncen selbst, das heißt setzen sie selber auf und veröffentlichen sie in den Zeitungen. Dahinter stehen, wie in ihrem Fall, keine konkreten Partnerinnen".

„Wieso, das verstehe ich nicht," fragte er verwundert. „Also gibt es die tolle Frau in Wirklichkeit gar nicht?"

„Ja, so ist es, es soll für den suchenden Mann das Interesse zu einer Vermittlung geweckt werden. Das er zum Telefon greift und uns anruft, so wie sie es getan haben." Nun klärte Frau Müller Thorsten, der in seinem Sessel immer kleiner wurde, über die Arbeit ihrer Partnervermittlung auf. Er lauschte zweifelnd und etwas verunsichert den Ausführungen von Frau Müller und dachte bei sich, die könnte mir auf Anhieb gefallen, vielleicht sollte ich sie einfach ansprechen?

In seine Gedanken vertieft, rauschten die Worte an seinen Ohren vorbei, sehr viel bekam er nicht mit. Als es aber um die Kosten so einer Vermittlung ging, wurde er hellhörig. „Was, so teuer kann das werden?" platzte er heraus. „Ja, das hängt von vielen Faktoren und vor allen Dingen von der Laufzeit ab und ist wirklich nicht ganz billig", entgegnete sie. „Wie gesagt, wir haben viele suchende Frauen in unserer Kartei und ich könnte jetzt ihr Profil aufnehmen, um die passende Partnerin für sie herauszufiltern. Das geht aber nicht so schnell und sie müssen etwas Geduld aufbringen. Wir würden dann für sie auch das erste Date vereinbaren."

Danach wiederholte Frau Müller nochmals die Frage nach der Wunschpartnerin. Thorsten überlegte kurz und seine Zurückhaltung und Schüchternheit war plötzlich wie weggeblasen und er beugte sich leicht in Richtung von Frau Monika

Müller und sagte:“ Wenn ich recht überlege sollte sie so gut und attraktiv aussehen wie sie, so nett und freundlich sein, so taff auftreten und das Alter passt auch ganz gut.“

Frau Müller wurde etwas verlegen und erwiderte: „Herr Schmidt, ich lebe in einer Beziehung und habe meinen Mann auch über die Partnervermittlung kennengelernt.“ „So meinte ich das ja nicht“, erwiderte er. „Frau Müller, das sollte nur ein Beispiel sein“, versuchte er die Sache richtigzustellen. Und nun fragte er ganz konkret und bat Frau Müller ehrlich zu sein. „Ja, was würde mich das den am Ende kosten?“ „Um ganz ehrlich zu sein, mit 600 bis 1000 Euro können sie ungefähr rechnen, es kann aber auch teurer werden.“ Nun war Thorsten doch ziemlich am Boden zerstört, damit hatte er nicht gerechnet.

Das Geschäft überstieg sein Budget und war außerdem eine ganz unsichere Kiste. Würde er auf diesem Wege wirklich eine passende Partnerin finden, und was, wenn nicht?

„Ich glaube das mit ihrer Partnervermittlung ist doch keine so gute Idee Frau Müller. Auch wenn ich sie als Kunde nicht gewinnen kann, würde ich doch meinen, dass sie nicht zu den Männern gehören die man an die Hand nehmen muss, um eine Partnerin zu finden. Ich traue es ihnen zu, die Sache selbst in den Griff zu bekommen und würde von einem Vertrag in ihrem Fall abraten“. Thorsten war nun über den Ausgang des Gespräches sichtlich erleichtert und bot Frau Müller eine zweite Tasse Kaffee an, doch sie lehnte höflich ab und wollte aufbrechen. Er brachte sie bis zur Tür und bedankte sich für das aufschlussreiche Gespräch und ihre ehrlichen Hinweise.

Nun wusste er über die angeblich suchenden Frauen aus den Zeitungsannoncen Bescheid und schenkte dieser Seite keine Aufmerksamkeit mehr, er überblätterte sie einfach.

Einige Wochen später versuchte er es im Internet auf einer Singlebörse und wurde auch fündig. In seiner Nähe, in einer Mehrzweckhalle, sollte am Wochenende eine Ü50- Party steigen, da musste Thorsten unbedingt hin. Dort machte er viele nette Bekanntschaften, aber die Richtige war nicht dabei, also sucht Thorsten vielleicht heute noch nach seiner Traumpartnerin.

4. Helga und der Ostseeurlaub

Ich erzähle die Geschichte von Rolf, er hatte drei Frauen am Start, alle über das Internet kennen gelernt. Mit allen hatte er schon das eine oder andere Date hinter sich gebracht. Sie wohnten nicht gerade bei ihm um die Ecke und dann noch in verschiedenen Städten. Aber mit dem Auto war das für ihn kein Problem. Die Distanzen sorgten jedenfalls dafür, dass die Frauen unter einander nichts mitbekommen konnten.

Es hatte Rolf schon einige Zeit und Mühe im Netz gekostet, auf der Zweisamkeit Plattform, fündig zu werden. Genügend Zeit hatte er ja, und er sah es wie ein Computerspiel an. Schließlich wollte er seine persönliche Lage ändern und eine Partnerin finden. Nebenbei fand er es nicht so schlecht, auch andere Ecken in seiner Umgebung kennenzulernen, es waren immer richtige Tagesausflüge mit Hochspannung, was die Partnerinnen betraf. Manchmal dachte Rolf ob das auf die Dauer gutgehen würde. Er hatte Angst sich zu übernehmen, mit all den Namen, Profilen und Gesprächsinhalten, da konnte „Mann" schon schnell mal was durcheinanderbringen.

Eigentlich suchte er eine tolle Partnerin für seine alljährlich anstehende Urlaubsreise an die Ostsee. Vielleicht konnte er ja eine von ihnen überzeugen und daraus könnte vielleicht sogar eine längere Beziehung entstehen. Natürlich sollte keine der Frauen von der anderen wissen. Also war er ständig auf der Hut ihre Namen nicht durcheinander zu bringen, sowie ihre Wohnorte und Profile. Da gab es Monika aus Brandenburg, Helga aus Potsdam und Petra aus Cottbus.

Monika lernte Rolf in Brandenburg an der Havel, in einer herrlichen Umgebung, kennen. Das erste Date war in einem

Gartenrestaurant an der Havel. Dort wo Fritze Bollmann einst geangelt haben sollte, so heißt es jedenfalls in einem Lied über ihn. Sie waren beide recht aufgeregt, kamen aber allmählich ins zwanglose Plaudern, es war doch mehr ein Frage- und Antwortspiel, er wollte Monika aushorchen und sie ihn. Rolf fand Monika sehr sympathisch, vor allem ihr Lächeln. Monika hatte brünette, kurze Haare die ihr sehr gutstanden. Sie war ca. 1,60 Meter groß mit normaler Figur. Wie gesagt, mit einem tollen Lächeln und einer angenehmen Stimme. Er hörte ihr gerne zu, was ja für Männer ein Problem seien soll, hatten Frauen schon öfter behauptetet. Aber für Rolf kam das beim ersten Date nicht in Frage, im Gegenteil er hörte besonders aufmerksam zu, später vielleicht könnte „Mann" schon mal Dinge überhören, wenn man sich näher kannte. Sie bestellten sich etwas zu Essen und Monika dazu den roten Hauswein, der besonders gut schmeckte und die Zungen etwas lösen sollte. Danach machten sie noch einen kleinen Spaziergang und sie brachte Rolf zu seinem Auto, wo sie sich flüchtig umarmten, verabschiedeten und sich beide sicher waren sich auf jeden Fall nochmals zu treffen. Eine gegenseitige Zuneigung war spürbar, so empfand es er und war sich sicher, dass es ihr ähnlich gehen würde. Auf der Heimfahrt ließ Rolf nochmals alles Revue passieren, er fand das mit Monika könnte eventuell passen. Aber er wollte nicht voreilig sein und auf jeden Fall noch die beiden anderen Frauen kennen lernen.

Mit Helga aus Potsdam traf er sich in Berlin am Alex. Der Vorschlag kam von ihr. Sie hatte sowieso vor nach Berlin zu fahren, um ihre Freundin zu besuchen und wollte ihr Treffen gleich mit dem Date verbinden. Da hatte Rolf fast Heimvorteil, er musste nur ein paar Stadion mit der S-Bahn zum Alex anreisen.

Nun stand nur noch die Frage im Raum, wo sie sich dort genau treffen wollten. Helgas Vorschlag war am Neptun Brunnen, auf einer der Bänke. Rolf war einverstanden und schon sehr gespannt auf das erste, zweite Date. Und wie man allgemein empfindet, wollte die Zeit bis zum Treffen nicht vergehen, wenn ein spannendes Ereignis ansteht.

Dann war es endlich soweit und Rolf benötigte viel weniger Zeit als er eingeplant hatte und war schon viel früher am Neptunbrunnen als er gedacht hatte. Von weiten suchte er nach Helga, vielleicht saß sie ja schon auf einer der Bänke, er konnte sie aber nicht entdecken. Er hatte sich ihr Foto genau eingeprägt. Sie war nach seinem Geschmack von den Dreien die ihm am besten gefiel. Sie hatte blonde Haare, ein sehr hübsches Gesicht und eine tolle sexy Figur.

„Männer ziehen Aussehen der Intelligenz vor, weil die meisten Männer besser sehen als Denken“.[4]

Rolf schlich um den Brunnen, der von vielen Leuten belagert wurde und suchte sich eine freie Bank. Von dort aus beobachtete er alles was sich im Umkreis bewegte. Aber er konnte Helga nicht entdecken und hatte die Befürchtung, dass sie ihn versetzen könnte und die ganze Anspannung und Aufregung womöglich umsonst waren. Doch dann sah er sie schon von weitem, vom

---

[4] Germaine Greer

S-Bahnhof kommend und sprang von seiner Bank auf um ihr entgegen zu gehen. Ja, sie hatte eine gewisse Ausstrahlung und viel in der Masse auf, ja sie war ein richtiger Hingucker.

Rolf war angenehm überrascht. Helga war blond, hatte schulterlanges Haar und war ungefähr 1,65 Meter groß. Ob die Haare nun gefärbt waren, dafür hatte er keinen Blick. Aber sie war auf jeden Fall schlank und hatte eine tolle Figur. Sein Herz rutschte fast in die Hosentasche. Er musste gestehen, sie sah noch besser aus als auf ihren Fotos.

Sie begrüßten sich freudig, waren beide angenehm überrascht, das war schon mal ein gelungener Start. Wie gesagt, dass passte vom ersten Moment an und sie entschlossen sich einen freien Platz im Außenbereich des Restaurants unterm Fernsehturm zu suchen. Es war nicht so einfach, da bei dem schönen Wetter fast alle Tische besetzt waren. Natürlich suchte Rolf möglichst einen Tisch nur sie zwei, um besser miteinander plaudern zu können. Sie hatten Glück, zwei Damen hatten gerade bezahlt und wollten aufbrechen, da schlugen sie zu.

So konnten sie erstmal ungestört ein Gespräch beginnen. Helga wohnte in Potsdam in einer Zweizimmerwohnung zur Miete und hatte vor sich eine Eigentumswohnung zuzulegen. Die Wohnung war aber noch im Bau und erst in einem halben Jahr bezugsfertig.

Sie ging noch dreimal die Woche arbeiten, um sich etwas Geld zur Rente dazuzuverdienen. Helga liebe ihr Potsdam und wollte da auf keinen Fall weg, das konnte er durchaus verstehen, denn in Potsdam war er jedes Jahr zwei bis dreimal bei schönem Wetter in Sanssouci, in Cecilienhof, im

Holländerviertel oder mit dem Dampfer auf der Havel unterwegs. Besonders schön fand er die Fußgängerzone im Stadtzentrum am Brandenburger Tor.

Dann setzte Rolf an, etwas über sich zu erzählten, plötzlich standen zwei Leute am Tisch und fragten nach den freien Plätzen. Ja, was sollten sie sagen, die Plätze waren schließlich frei. Und so wurde ihr Gespräch erstmal unterbrochen und stark beeinflusst. Helga und Rolf tranken ihren Kaffee aus, er bezahlte und sie brachen in Richtung Nikolaiviertel auf. Dort gab es viele kleine Geschäfte und einige Restaurants und urige Kneipen, wie die „Letzte Instanz“ oder das Kartoffelhaus. Sie schlenderten durch das Viertel und suchten ein Café. Helga hatte Appetit auf Kuchen mit Schlagsahne oder einen großen Eisbecher.

In Rolfs Gedanken kreiste der bevorstehende Ostseeurlaub und mit Helga gemeinsam konnte er sich ihn gut vorstellen. Das wäre wie ein Hauptgewinn. Also hieß es für ihn dranbleiben und Helga davon zu überzeugen. Er vermutete, dass Helga einen Partner für gelegentliche Unternehmungen suchte, also keine ganz feste Beziehung mit gemeinsamer Wohnung. Ihre neue Eigentumswohnung war ihr Reich wo keiner so leicht eindringen sollte und eine örtliche Veränderung kam für sie überhaupt nicht in Frage. Damit war ihm klar, dass für sie nur, wenn überhaupt eine Liebe auf Distanz, möglich wäre.

Rolf wollte sich noch nicht einhundert Prozent festgelegen und wartete er erstmal ab, wie sich die Sache mit Helga entwickeln würde. Beide wünschte sich zum Abschluss ein zweites Treffen, dann aber in Potsdam, entschied Helga. Mit dem Angebot war Rolf einverstanden und nahm dankend an.

Offen blieb nur noch der Termin, aber auf jeden Fall an einem Wochenende. Nach dem kurzen Café Besuch und einem Erdbeereisbecher mit Sahne musste Helga zurück zum Bahnhof, da ihre Freundin auf sie wartete, schließlich waren beide verabredet. Auch Rolf musste zum Bahnhof um nach Hause zu kommen. Also hatten beide den gleichen Weg und gingen gemeinsam zum Alex.

Auf dem Weg dahin hatte eine Band ihre Instrumente aufgebaut und sie spielten gerade den Song „Hotel California" von den Eagles, einen ganz tollen Song, den sie auch sehr gut coverten, fast wie das Original.

Sie blieben einen Augenblick stehen um zu zuhörten, am Schluss applaudierten alle sehr kräftig. Ja, es war für Rolf ein absoluter Kultsong, den er wahnsinnig liebte und gar nicht oft genug hören konnte. So blieb Rolf noch einen Moment stehen und lauschte der tollen Musik. Helga hatte sich schon mit einer kurzen Umarmung und Küsschen auf die Wange verabschiedet und war im Gewühl zum S-Bahnhof verschwunden.

Ein zweites Treffen bei ihr in Potsdam war so gut wie abgemacht. Helga würde Rolf rechtzeitig über den Termin informieren, darauf freute er sich sehr, er liebte Potsdam mit seinen Sehenswürdigkeiten.

Jetzt hatte er schon zwei ganz annehmliche, vorzeigbare, akzeptable Frauen kennen gelernt, die ihm recht gut gefielen und trotzdem wollte er die Dritte, Petra, in Cottbus auch noch kennen lernen. Schon jetzt favorisierte er Helga, aber egal, er hatte Angst, etwas verpassen zu können und Petra war nur eineinhalb Stunden von ihm entfernt zu Hause. Das heißt, mit der Bahn bis nach Cottbus konnte er sie so recht schnell erreichen.

Langsam musste Rolf Buch führen, sich Notizen machen, um nichts durcheinander zu bringen. Petra wollte ihn vom Bahnhof abholen und dann in ein Restaurant im Zentrum einkehren.

Er freute sich auf den Ausflug nach Cottbus und war gespannt auf Petra. Ein Wenig kannte er die Stadt, da er schon mal mehrmals in Cottbus war, das letzte Mal war aber schon länger her, da spielte Cottbus noch in der Bundesliga, gegen Herta BSC, seinem Lieblingsverein seit den siebziger Jahren. Als Herta-Fan musste man schon leidensfähig sein, aber irgendwie ließ ihn die Mannschaft nicht los. Übrigens das Spiel in Cottbus hatte die Herta knapp gewonnen.

An einem Wochenende war es dann so weit, er fuhr mit der Bahn von Berlin mit dem Regio nach Cottbus. Seine voraussichtliche Ankunftszeit hatte er Petra telefonisch mitgeteilt. Petra und Rolf telefonierten schon mehr als eine Woche miteinander. Damit waren nicht mehr so viele Fragen offen, einiges über sie hatte er schon erkunden können, sie natürlich auch über ihn. Petra arbeitete bei einer Krankenversicherung, wo sie noch drei Tage die Woche, häufig als Aushilfe, wenn jemand durch Krankheit fehlte, einsprang. Sie hatte eine Zweizimmer-Neubauwohnung, ein Plattenbau aus DDR-Zeiten. Petra hatte eine erwachsene Tochter, die schon eine eigene Wohnung hatte und in Cottbus an der BTU BWL studierte. Von ihrem Mann war sie seit einigen Jahren geschieden, der jetzt mit seiner neuen Frau in Berlin wohnte.

Als Rolf mit dem Zug einfuhr, hatte er Petra sofort erkannt, sie stand auf dem Bahnsteig. Ihr eingestelltes Foto musste ganz aktuell gewesen sein, denn genauso sah sie aus, mit sportlicher Figur, etwas längeren schwarze Haaren und einem sehr hübschen Gesicht. Sie begrüßten sich sehr vertraut mit einer kurzen Umarmung, diese Frau musste man einfach in die Arme nehmen dachte Rolf und sie zeigt auch keine Hemmung. Schließlich war er etwas mutiger geworden und hatte mit der Weile etwas Erfahrung gesammelt.

Was für ein Glück, alles Volltreffer. Rolf hing seinen Gedanken nach, während er neben Petra herlief. Er konnte ihr kaum folgen, so ein Tempo hatte sie vorgelegt. Nicht allzu weit vom Bahnhof, befand sich das Lokal, das Petra ausgesucht hatte. Zuerst checkte sie die Plätze innen und entschied sich dann aber für einen Tisch draußen, bei dem herrlichen Wetter. Sie fanden auch gleich einen freien Tisch, nahmen Platz und bestellten sich was etwas. Petra erzählte von ihrer Arbeit, dass sie eigentlich schon Rente bekäme, aber wöchentlich noch drei Tage arbeiten gehen würde. Von ihrer Tätigkeit verstand Rolf nicht allzu viel, außer von finanziellen Genehmigungen für irgendwelche Anwendungen, praktisch für Kosten, die von der Kasse übernommen werden konnten und deren Freigabe man vorher einholen musste. Trotzdem musste man noch persönlich zuzahlen.

Petra wollte noch unter Kolleginnen sein, zu Hause fiel ihr die Decke auf den Kopf und das Geld konnte sie neben der Rente auch sehr gut gebrauchen. Das konnte Rolf gut verstehen, ja wer will nicht noch Reisen, Urlaub machen, auch mal ins Kino, Theater oder Essen gehen, eben aktiv am öffentlichen Leben teilnehmen.

Rolf hatte mit der Arbeitswelt schon länger abgeschlossen und sich mehr ehrenamtlichen Aufgaben im Sportverein verschrieben, dabei ging es ihm in erster Linie auch um die Aufrechterhaltung der Kontakte zur Außenwelt. Nein die Arbeit fehlte ihm auf keinen Fall, der allgemeine Stress hatte doch erheblich zugenommen und das musste er sich nicht mehr antun. Besonders in den letzten beiden Jahren ging es drunter und drüber. Aus diesem Hamsterrad musste er so schnell wie möglich auszubrechen und brauchte einen Ortswechsel, irgendwo Urlaub machen und die Seele baumeln lassen, am besten zu zweit mit einer neuen Bekanntschaft.

Sein Lieblingsziel war immer die Ostsee, Strand, Wasser und keine Berge. Die Insel Rügen liebte er besonders, es war fast seine zweite Heimat, sie hatte große Anziehungskraft und wirkte wie ein Magnet auf ihn. Schon als Jugendlicher verbrachte Rolf oft seine Ferien bei Verwandten an der Ostsee.

Er war immer noch am Zweifeln, würde eine der drei Frauen nach so kurzer Bekanntschaft bereit sein, mit ihm in den Urlaub zu fahren?

Vor allen Dingen ein gemeinsames Zimmer zu teilen und ständig miteinander auszukommen? Wären vielleicht zwei Zimmer besser? Und mit welcher der drei Bekanntschaften würde er am liebsten in den Urlaub fahren. Die Auswahl hatte er für sich schon getroffen, aber würde Helga auch mitspielen. Er war sich nicht sicher. Ein Hauptgewinn wäre es schon, wenn überhaupt eine zu seinem Vorhaben bereit wäre. Ja, viele Fragen, die auf ihn einstürmten. Das Risiko war recht groß, am Ende alleine fahren zu müssen, denn eine Buchung musste schon wesentlich früher erfolgen, um ein gutes Apartment, möglichst in Strandnähe zu bekommen. Ein riesiges Problem stellte auch die Festlegung des Zeitraumes dar, wann hatten die Frauen überhaupt Zeit für einen Urlaub, ging das einfach so ganz spontan und würde das Wetter zu diesem Zeitpunkt mitspielen.

Die Ostsee ist zwar sehr schön, wenn es aber öfter regnet ist das nicht sehr angenehm und man muss sich in den Kneipen und Cafés rumdrücken und die typische Kneipenbräune erhaschen. Das ist dann nichts mit am Strand liegen, relaxen und baden, oder in der Sonne brutzeln. Es soll doch jeder gleichsehen, dass man im Urlaub war.

Eine Möglichkeit hatte er vielleicht, kurzfristig ein ordentliches Zimmer im Strandhotel in Baabe zu bekommen. Dort war er schon mehrmals im Urlaub und sie schrieben ihm noch jährlich eine Weihnachtskarte, hatten ihn als Urlaubsgast damit nicht vergessen. Wie gesagt, musste nun noch irgendwie ein Zeitraum mit halbwegs passendem Wetter gefunden werden. Auf die Wettervorhersagen konnte man sich kaum verlassen und über einen noch weit entfernten Zeitraum schon gar nicht.

Aber was war im Grunde wichtiger, dachte er, mit einer der Frauen in Urlaub fahren zu können oder tolles Wetter an der Ostsee zu erwischen?

Er entschied sich für den Zeitraum Ende Mai Anfang Juni und stellte erstmal eine telefonische Anfrage wegen eines Appartements im Strandhotel. Er hatte Glück, ein Appartement mit Schlaf- und Wohnzimmer sowie einer Einbauküche war in einem der Nebengebäude des Hotels noch frei. Das Appartement lag direkt an der Hauptpromenade zum Strand und hatte einen kleinen Balkon.

Der Urlaub für zwei Personen war nun endgültig festgezurrt, mit einer wirklich tollen Unterkunft, nun fehlet nur noch die passende Frau dazu. Aber Rolf war zuversichtlich eine der Drei überreden zu können. Seine heimliche Favoritin mit Helga hatte er ja schon längere Zeit. Sie musste er mit

Engelszungen von einem gemeinsamen Ostseeurlaub überzeugen.

Nun musste er sich so schnell wie möglich nach Potsdam aufmachen, wo Helga zu Hause war, also das erste Date in Potsdam. Am nächsten Wochenende war sie auch zu einem Treffen bereit, ihn in ihrer Stadt zu empfangen. Helga wollte ihn durch Potsdam führen und ihm Dinge zeigen, die er bestimmt noch nicht kannte. Starten sollte die Tour am Brandenburger Tor, am Luisenplatz. Ja, nicht nur Berlin, sondern auch Potsdam hat eins, was Rolf nicht vermutet hatte.

Die Strecke nach Potsdam kannte er und mehr als eine Stunde musste er schon einplanen, den diesmal wollte er pünktlich sein. Die Parkmöglichkeiten hatte er schon gegoogelt. Unterhalb des Luisenplatzes befand sich eine Tiefgarage. Helga wartete in einem kleinen Restaurant an einem der Seiteneingänge vom Park Sanssoucis, in dem sie mit ihm später spazieren gehen wollte. Sie liebte den schön angelegten Park mit seinen vielen Skulpturen, dem Teehaus und Springbrunnen. Als Rolf eintraf saß Helga schon im Biergarten und wartete auf ihn. Sie hatte eine Tasse Milchkaffee vor sich zu stehen. Rolf begrüßte sie mit einer herzhaften Umarmung und einem kleinen Küsschen auf die Wange. Dann bestellte er sich auch einen Kaffee und überschüttete sie mit Fragen, was sie mit ihm heute vorhätte. Die Frage zum Ostseeurlaub hielt Rolf noch zurück, er wollte nicht gleich mit der Tür ins Haus fallen. Beim späteren Spaziergang durch die Parkanlage brannte ihm das Thema auf der Zunge und er nahm all sein Mut zusammen und unterbreitete Helga seinen Wunsch, gemeinsam mit ihr an der Ostsee Urlaub zu machen. Helga hörte sich sein Angebot entspannt an. Aus Rolf sprudelte es nur so heraus, was sie dort alles gemeinsam, unternehmen könnten. Zum Beispiel in der Ostsee baden, am

Strand liegen oder Wandern, Radfahren, gut essen gehen, zur Steilküste fahren, das Schiffsmuseum besuchen oder die Sandskulpturen in Saarmund an zu schauen.

Ja, da gab es unendlich viele Möglichkeiten. Von so vielen tollen Argumenten ließ sich Helga überreden und fragte sich: „Warum eigentlich nicht und Urlaub besser zu zweit als solo?“, sie liebte die Ostsee und besonders Rügen. Außerdem fand sie Rolf sehr sympathisch und vertrauenswürdig. Sie nahm sich allerdings noch etwas Bedenkzeit, um sich endgültig zu entscheiden.

Rolfs Plan war es Helga mit ihrem Gepäck von zu Hause abzuholen und mit ihr nach Baabe zu fahren und sie anschließend wieder nach Hause zu bringen. Den Urlaub wollte er alleine finanzieren, auf jeden Fall das Apartment. Nun war nur noch die Frage zum Schlafzimmer offen, hatte Helga ein Problem neben ihm zu schlafen oder müssten die Betten auseinandergestellt werden und ging das überhaupt? Er hatte damit kein Problem, im Gegenteil. Nach zirka einer guten Woche Bedenkzeit meldete sich Helga und war bereit mit ihm gemeinsam in den Urlaub zu fahren. Ihm fiel ein Stein vom Herzen, nun hatte er sein Ziel erreicht. Er hoffte, dass das ständige Zusammensein mit Helga auch klappen könnte. Hoffentlich nicht so wie im Song von Trio:

„Und schon beim Frühstück wird gelacht, ich habe den Urlaub nicht gewollt“, oder so ähnlich.

Aber auf jeden Fall war es ein Versuch wert und warum sollte es eigentlich schiefgehen? Sein Urlaub war gerettet und er fieberte ihm gespannt entgegen. Dann endlich war es so weit und er holte Helga von zu Hause ab. Helga begrüßte ihn überschwänglich, man merkte ihr die Freude auf den Urlaub richtig an.

Auf der Fahrt in Richtung Stralsund erzählte Rolf nochmals von den Dingen, die sie unbedingt gemeinsam Unternehmen sollten. Er hatte aber noch keinen festen Plan. Vielleicht zur Steilküste fahren, eine Strandwanderung nach Gören und ins Bernsteinmuseum.

Eine Radtour im Hinterland und eine Besichtigung der tollen Seebrücke in Sellin.

Helga wollte den Urlaub eigentlich wesentlich ruhiger angehen, mehr am Strand in der Sonne liegen und in der Ostsee baden gehen. Abends gut essen gehen und im Appartement auch mal Fernsehen, vor allen Dingen mal richtig ausschlafen.

Rolf merkte, dass er auf Helgas Wünsche mehr eingehen musste, um einen harmonischen Urlaub zu verleben. An sich war er ja auch eher der ruhige Typ und ließ gerne die Seele baumeln, er wollte Helga eben alles bieten.

Nachdem sie die Insel erreicht hatten, wollten beide erstmal Rast machen, etwas Essen und Trinken und sich an frischer Luft die Beine vertreten, nach den langen Sitzen im Auto. Und schon tauchte eine große Raststätte auf, deren Parkplatz schon reichlich gefüllt war. Die Autokarawane kam auch öfters ins Stocken und es ging nur im Schritttempo weiter. Irgendwo vor ihnen musste eine Ampel sein, die meist auf Rot stand. Rolf steuerte auf den Parkplatz der Raststätte zu.

Das Angebot war sehr reichhaltig und schmeckte auch sehr gut, der Stopp hatte sich wirklich gelohnt und gut gestärkt ging es weiter auf Rügen in Richtung Baabe. Sie hatten es nicht so eilig, da das Appartement erst wie üblich, ab 15 Uhr bezogen werden konnte.

Er beschäftigte sich während der Fahrt mit dem gemeinsamen Schlafzimmer, was für Betten würden sie vorfinden, entweder ein großes Ehebett oder einzelne Betten, die man leicht auseinander stellen konnte. Vielleicht gab es auch eine Schlafcouch im Wohnzimmer, falls Helga separat schlafen wollte. Bisher hatten sie über dieses Thema noch nicht ausführlich gesprochen. Rolf war gespannt wie sich die Sache entwickeln würde.

Wie schon erwähnt schlängelte sich die Autokarawane langsam über die Insel. Sie mussten sie fast einmal durchqueren um an ihr Ziel zu gelangen. So gegen 15 Uhr hatten sie dann das Hotel erreicht und mussten erstmal nach einem Parkplatz suchen, was nicht so einfach war, denn auch die Nebenstraßen waren komplett zugeparkt. Außer im Halteverbot gab es keine Möglichkeit das Auto abzustellen. Im Haupthaus des Hotels holte Rolf den Schlüssel für das Apartment. Dann gingen sie gemeinsam auf die Suche nach der Nummer 7, glücklicherweise gehörte ein Parkplatz dazu, so dass er sein Auto vorerst abstellen konnte, ohne mit einem Strafzettel rechnen zu müssen.

Das Appartement bestand so wie angegeben aus zwei Zimmern, einem Wohnzimmer mit Einbauküche und einen Balkon, einem Schlafzimmer mit einem Ehebett, einem großen Schrank und einem geräumigen Bad mit Dusche und Badewanne. Das Doppelbett ließ sich natürlich nicht aus einander stellen. Helga schien damit überhaupt kein Problem zu haben, da sie sich überhaupt nicht dazu äußerte. Nach dem jeder seinen Koffer geleert hatte wollte sie erstmal die nähere Umgebung erkunden.

Vom Hauseingang, der von der Straße abgewandt war, gingen sie über die zweispurige Hauptpromenade in Richtung

Strand, an vielen Gaststätten, kleine Boutiquen und Geschäften vorbei. Auch an einem Fischbrötchenstand kamen sie vorbei, da konnte Rolf nicht an sich halten und musste erstmal zwei Brötchen bestellen, für sich eins mit Matjes und für Helga eins mit Lachs.

Ja, Rolf war an der Ostsee angekommen, in Strandnähe mit einem Fischbrötchen in der Hand, die Seeluft in der Nase und das Geschreie der Möwen im Ohr. Und neben ihm Helga, seine neue Bekanntschaft, die ihm immer mehr gefiel, da hatte er wirklich Glück, mit ihr den Urlaub verbringen zu können. Das konnte nur gut gehen, er würde auf jeden Fall dafür sorgen.

Am Abend suchten sie sich ein Restaurant in ihrer Nähe um zu essen und anschließend wollten sie gemeinsam vor dem Fernseher verbringen. Die Anfahrt war sehr lang und anstrengend, so dass Ruhe und relaxen auf der Couch angesagt war. Sie kuschelten sich aneinander und folgten dem Programm, dabei streichelte Rolf Helga ganz vorsichtig, sie ließ es geschehen. Er hatte sich einige Flaschen Bier mitgenommen und Helga eine Flasche Rose Wein. Er brachte ihr ein Glas Wein und öffnete sich ein Bier. Nun fehlten nur noch Nüsse und Chips, die mussten sie aber erst besorgen. Das Fernsehprogramm war wie immer kaum zu ertragen, sodass sie bald zu Bett gehen wollten.

Die erste gemeinsame Nacht im Ehebett verlief ohne besondere Vorkommnisse, sie schenkte ihm einen flüchtigen Gutenachtkuss, beide wünschten sich eine gute Nacht und schliefen dann auch ziemlich schnell ein. Am nächsten Morgen als Rolf aufwachte, kam Helga schon aus dem Bad und forderte ihn auf aufzustehen, sie hätte wahnsinnigen Hunger auf Frühstück. Er sprang aus dem Bett und beeilte sich so schnell wie möglich fertig zu werden.

Das Frühstück fand nicht im Haupthotel statt, sondern in einen schönen Gastraum ganz in der Nähe ihres Appartements.

Die Tische waren schon eingedeckt und das Frühstück am Büfett war sehr reichhaltig. So ließen beide den ersten Urlaubstag ganz langsam angehen. Beim Frühstück planten sie ihre nächsten Aktivitäten, als nächsten ging es erst einmal an den Strand um die Ostsee zu begrüßen, das heißt auf jeden Fall erstmal mit den Füßen im Wasser waten.

Anschließend wollten sie sich eine freie Bank an der Promenade suchen und einfach aufs Meer schauen. Ja, Rolf hatte das ziemlich eng geplante Programm etwas gekürzt, was Helga zu gefallen schien, wie man so schön zu sagen pflegt: „In der Ruhe liegt die Kraft“.

Für den Nachmittag war Strand und Baden angesagt, einmal richtig in die Ostsee abtauchen, trotz siebzehn Grad, wärmer war die See nicht, nach der mit Kreide auf einer Tafel angezeigten Wassertemperatur. Ein Strandkorb für den Nachmittag lohnte sich nicht. Rolf musste feststellen, dass die Strandkorbmiete sich schon wieder um ganze zwei Euro erhöht hatte, auf zwölf Euro pro Tag. Eigentlich wurden fast alle Preise angezogen, von der Kurtaxe über die Bratwurst bis zum Fischbrötchen, vom halben Liter Bier ganz zu schweigen.

Als sie zurück vom ersten Bad in der Ostsee kamen, entdeckte Helga ein Plakat mit der Ankündigung eines Live Konzerts auf der Kurpark Bühne am Abend. Eine Rockband aus Rostock sollte zum Tanz aufspielen, der Eintritt war sogar frei. Da wollte Helga natürlich hin, denn Tanzen war eine ihrer Leidenschaften. Rolf stimmte sofort zu und ihr Abendprogramm war gerettet.

Der Platz vor der Bühne, die Tanzfläche, war schon reichlich mit Urlaubern gefüllt und ebenfalls die angrenzenden Bankreihen, auch an den umliegenden Ständen bilden sich lange Schlangen.

Nach dem die Band mit dem Aufbau ihrer Instrumente fertig waren erfolgte der Soundscheck und sie starteten mit alten, tollen Rocken Roll Titeln, da ging gleich mal die Post ab. Die Tanzfläche war im nu überfüllt, alle rockten ordentlich mit. Helga war mehr für die langsameren Tänze und wartete bis sie einen langsamen Titel spielten und drängte Rolf auf die Tanzfläche. Er ließ es mit sich geschehen und nahm Helge fest in den Arm und versuchte sie im Gedränge einigermaßen nach dem Rhythmus zu bewegen.

Er merkte gleich, sie ließ sich sehr gut führen, konnte also toll tanzen. Da musste er an seine Tanzstunden bei Hanni Hug in Baumschulenweg denken, wo die jungen Leute richtig mit den unmöglichsten Tänzen gequält wurden. Aber eins hatte sich Rolf von Anfang an gemerkt: „Die Dame auf Tuchfühlung nehmen“.

Langsam verschafften sie sich mehr Platz und sie kamen richtig in Fahrt, es machte beiden bomben Spaß. Nach drei bis vier Runden, hatten beide tierischen Durst und stellten sich erst mal nach Getränken an. Für Helga einen Cocktail, Sex on the Beach, und für Rolf ein großes Lübzer Bier. Sie suchten sich Platz auf einer der Bänke und beobachten die Band und vor ihnen die Tanzfläche. Zweimal tanzten sie noch mehrere Runden und dann war von beiden die Kondition dahin und sie holten sich noch mal was zu Trinken und schauten dem Treiben der Urlauber zu.

Nach dem die Rostocker Band ihre letzte Zugabe gegeben hatte, machten sich Helga und Rolf auf den Heimweg. Sie hakte sich ganz locker bei ihm ein und sie spazierten gemütlich nach Hause, ins Appartement. Sie hatten noch keine Lust ins Bett zu gehen, tranken noch ein Glas Wein und hörten leise Radiomusik.

Als sie dann später im Bett waren rückte Rolf ganz nah an Helga heran und fing sie an zu streicheln, sie ließ es geschehen. Dann küssten sie sich leidenschaftlich und er zog Helgas Schlafanzug aus, wenn man das kleine Höschen und das Trägeroberteil, so nennen konnte. Rolf trug nur eine kurze Schlafanzughose ohne Oberteil, die er sich selber schnell runterzog. Sie streichelten und liebkosten sich, wurden immer erregter und er wollte in sie eindringen, wozu sie vor Lust stöhnend bereit war. Jedoch wollte es ihm nicht so richtig gelingen, sein Glied wurde einfach nicht steif genug und so lag er etwas unbeholfen auf ihr. Helga tröstete ihn: „Das kann schon mal passieren, er solle sich keine Sorgen machen“. Sie versuchte es noch mit der Hand, den „Schlappschwanz“ aufzurichten, aber ohne Erfolg. Vielleicht hatte Rolf ja auch zu viel Alkohol getrunken und versagte aus diesem Grunde. Sie schliefen dann eng umschlungen ein.

Am nächsten Morgen war alles vergessen und sie brachen nach dem Frühstück zu einer Radtour nach Gören auf. Auf der Strandpromenade dorthin durfte nicht Radgefahren werden, so fuhren sie übers Hinterland durch grüne Wiesen und kleinen Wäldchen bis zum Bernstein-Shop nach Gören. Unterwegs musste Rolf unbedingt sein obligatorisches Fischbrötchen essen. Ein alter Fischkutter auf der Wiese war als Imbissbude umgebaut. Natürlich aß Helga auch eins, wie immer bevorzugte sie ein Lachsbrötchen. Das Radeln machte beiden sehr viel Spaß, es war warm, die Sonne schien und es wehte kaum Wind, wie direkt an der See, wo es immer recht windig war. Da hatte man egal in welche Richtung man fuhr, immer starken Wind von vorne.

In Gören hatten sie reichlich Durst und suchten erstmal ein Restaurant mit Biergarten, mit direkt mit Blick auf die Ostsee.

Dann bekamen beide Hunger und sie suchten sich auf der Speisekarte etwas Preiswertes zu essen aus. Gerne hätte Rolf anschließen einen kleinen Mittagsschlaf gemacht, aber wo?

Extra einen Strandkorb zu mieten kam nicht in Frage, außerdem wollte Helga nun endlich ins Bernsteingeschäft, sie liebte Bernstein und wollte sich schönen Schmuck zulegen. Früher ist Rolf gerne am Strand durch Wasser spaziert und hat jeden kleinen Stein aufgehoben, der einem Bernstein ähnlich sah. Meist waren es nur Glasscherben, von der See und dem Sand schön rundgeschliffen.

Der Bernsteinladen war gut besucht, viele Urlauber waren auf ein schönes Andenken scharf. Es gab Ketten, Armbänder und Anhänger in den verschiedensten Formen. Da gab es Tropfen, Sterne und Herzen mit Silberketten in allen Längen. Helga gefielen die Herzen am besten, die in verschiedenen Größen zu haben waren, entsprechend waren die Preise. Rolf fand ein mittelgroßes Herz sehr schön und wollte es Helga unbedingt schenken. Er wusste sie hatte eine passende Silberkette dafür. Helga freute sich sehr und bedankte sich mit einem Küsschen bei ihm. Nach einer kleinen Rundtour durch Gören ging es diesmal neben der Strandpromenade durch den Wald zurück, Dabei kamen sie an einigen Zeltplätzen vorbei. Mal entfernte sich der Weg vom Strand und dann wieder bis fast an die Promenade heran. Die letzten Meter schoben sie ihre Räder auf der Strandpromenade, bis sie wieder in Baabe waren.

Rolf wollte erstmal ein kleines Schläfchen machen, bis sie später zum Kaffeetrinken aufbrechen wollten. Für den Abend planten sie einen gemütlichen Fernsehabend, auch Abendbrot wollten sie im Appartement essen, schließlich waren sie ja lange mit dem Rad und zu Fuß unterwegs gewesen. Nach dem Motto, den Urlaub ruhig anzugehen, denn sie waren ja auch nicht mehr die Jüngsten und hatten noch Zeit für viel Aktivitäten.

Auf der Couch beim Fernsehen planten sie die Dinge für den nächsten Tag. Helga wollte unbedingt zur tollen Seebrücke nach Sellin wandern, teilweise auf der Promenade oder am Strand durchs Wasser warten. Rolf hatte Sorgen, das der Fußmarsch sich ziemlich lang hinziehen würde und schlug vor, denn Rückweg mit dem Bus anzutreten. Es war herrliches Wetter, was an der Ostsee nicht sicher ist, und so hatte sie Badesachen dabei, um mal unterwegs, zur Abkühlung ins Wasser zu springen. Was sie dann auch auf der halben Strecke taten. Das Wasser war sehr angenehm, Anfangs etwas kalt, aber dann wunderschön, so dass sie gar nicht mehr raus wollten. Dann machten sie erst mal eine kleine Pause in einem Biergarten direkt an der Promenade, die Seebrücke schon in Sichtweite. Nach dem sie Sellin erkundet hatten, speziell die Seebrücke, konnten sie mit der Glocke nicht in die Ostsee abtauchen, leider war sie an diesem Tag außer Betrieb.

Rolf tröste Helga, das sowieso nicht viel zu sehen sei, außer trübes Ostseewasser.

Von der Brücke schlenderten sie durch Sellin und schauten in die vielen kleinen Geschäfte und Boutiquen um ein passendes Andenken zu finden. An einem Bäcker kamen sie nicht vorbei, so toll sah der Kuchen aus, frische Erdbeertorte mit Sahne, darauf hatte Helga richtigen Jieper. Der Laden war gerammelt voll und sie mussten lange anstehen bis sie mit den Tortenstücken, Schlagsahne und Kaffee nach draußen gehen konnten, praktisch ein Platz an der Sonne. Wie geplant suchten sie nach der Busverbindung nach Baabe, die sie dann auch an der Fernverkehrsstraße fanden. Der Bus fuhr allerdings nur zum Ortseingang, so dass sie noch ein ordentliches Stück bis zum Appartement laufen mussten.

Nachdem sie zu später Zeit noch im Fischrestaurant essen waren, hatte sich Rolf bei den alkoholischen Getränken zurückgehalten. Er wollte an diesem Abend den zweiten Anlauf nehmen und mit Helga schlafen, diesmal ohne Handicap. In der Nacht drängte er sich an sie und spürte ihren Körper. Er ließ seinen Händen freien Lauf und streichelte ihren ganzen Körper. Helga fühlte sich warm und weich an, sie war schon feucht und kam ihm entgegen. Er wurde immer erregter und konnte problemlos in sie eindringen, dabei lief ihm ein Schauer über den Rücken und er spürte, dass sie sich ihm ganz hingeben wollte. Er fing an sie leidenschaftlich zu küssen, auf den Hals, die Schulter, ihre Brüste und dann auf ihre Lippen. So lagen sie noch eine ganze Weile eng umschlungen, bevor sich jeder auf seine Seite drehte und sie einschliefen. Die Sonne leuchtete schon sehr intensiv durch die Vorhänge, sie hatten länger geschlafen als sonst, und mussten sich nun beeilen um noch was vom Frühstücksbüfett abzubekommen.

In den folgenden Tagen stabilisierte sich das Wetter, Sonnenschein ohne Ende und sie mieteten sich einen Strandkorb für den Rest des Urlaubs. Helga war mit dem Verlauf ihres Urlaubs zufrieden, Rolf war liebenswert, aber die Chemie stimmte nicht ganz. Es war eine schöne Zeit mit ihm, im Urlaub an der Ostsee. Helga war mit ihrem Potsdam so stark verwurzelt, dass ein Umzug zu Rolf nach Berlin aussichtslos war. Und bei ihr in Potsdam, konnte sie sich ihm auf die Dauer auch nicht vorstellen. Rolf ließ auf der Heimfahrt den Urlaub nochmals Revue passieren und war eigentlich sehr zufrieden, es hatte besser geklappt als ursprünglich vermutet. Er hätte Helga natürlich gerne bei sich in Berlin, aber da hatte er ihre Meinung im Laufe des Urlaubs deutlich herausgehört. Da gab es wohl kein Kompromiss. Er würde sie gerne in Potsdam besuchen, hatte aber die Befürchtung das die Romanze irgendwann vorbeigehen würde und orientierte sich neu.

5. Bärbel und die Eisbären

Ich war mit dem Auto nach Petershagen unterwegs, Grund dafür war ein erstes Treffen mit Bärbel, die mir bis dahin noch völlig unbekannt war. Ihr allerdings ging es genauso, außer einem Foto und ein paar Information aus einem erstellten Profil hatten wir beide keine Ahnung voneinander. Die Adresse von dem Landgasthof hatte ich einen Tag vorher schon in meinem Navi gespeichert und wusste daher auch ungefähr wie lange ich für die Strecke von mir brauchen würde. Ja, wir hatten uns im Internet gefunden und eine Einladung von Bärbel ließ nicht lange auf sich warten. Um zu dem Gasthof zu kommen musste ich einmal um den sogenannten Dorfanger fahren, es handelte sich um eine Einbahnstraße. Ich fuhr einmal herum, direkt vor den Dorfkrug hielt ich an, natürlich direkt im Parkverbot. Am Parkplatz war ich praktisch vorbeigefahren und konnte nicht einfach zurücksetzen, Einbahnstraße. Also, musste ich noch eine zweite Runde um den Dorfanger drehen. Diesmal aber mit wesentlich mehr Speed, ich war schon etwas spät dran. Das sollte noch spätere Folgen nach sich ziehen.

Von Parkplatz überquerte ich die Straße und sprang ein paar Stufen hoch in den Dorfkrug. Im Gastraum saßen kaum Gäste und eine Frau konnte ich nicht entdecken, also ging ich durch in den Biergarten der sich im Hof befand. Dort waren mehrere Tische besetzt und an einem saß Bärbel. Sie winkte mir zu und ich setzte mich zu ihr. Nach einer kurzen Begrüßung sprudelte es aus Bärbel heraus, sie wollte mir gleich ihre Lebensgeschichte erzählen, sodass ich erstmal so gut wie nicht zu Wort kam. Ich hörte ihr unaufgeregt zu. Beobachtete sie aber sehr genau. Mich erstaunten ihre Tätowierungen, an beiden Armen und sogar ein Greifvogel im Brustbereich, der durch ihre weiße Bluse sichtbar war. Ich dachte bei mir, dass muss ja ordentlich schmerzhaft gewesen sein. Eigentlich hatte ich noch keine Bekanntschaft mit einer Mittfünfzigerin gemacht, die so viele Tätowierungen aufweisen konnte.

Aber mir gefiel ihre offene Art, vor allen Dingen, dass sie kein Blatt vor den Mund nahm. In ihrer Jugend war sie für längere Zeit in einem Heim aufgewachsen und erst mit der Volljährigkeit konnte sie ein eigenes Leben führen. Sie bekam eine eigene Wohnung und konnte eine Lehre beginnen. Ihr Mann, den sie schon aus dem Heim kannte, war vor einem Jahr verstorben. Er war ihr Dreh- und Angelpunkt, dem sie in allen Dingen voll vertraute. Sie hatte einen Sohn der in Berlin studierte, einer der Langzeitstudenten, die es nicht so eilig mit dem Abschluss hatten. Er hatte eine Freundin, die in Halle studierte, aber einige Jahre jünger war als er. Auf ihre Tätowierungen wollte ich Bärbel nicht ansprechen, der kluge Mann denkt sich seinen Teil und schweigt. Später durfte auch ich etwas von mir berichten. Übrigens trank Bärbel nur Wasser, weil sie mit dem Auto da war. Ich trank, wie immer mein Bier zum Essen, das wir uns von der Karte ausgesucht hatten. Es war deftige Deutsche Küche, die nicht mehr so häufig angeboten wird, es war eben ein Dorfkrug. Nach dem Essen wollte Bärbel schon aufbrechen und ich bezahlte die Rechnung. Irgendein wichtiger Termin drängte sie von unserem Tisch. Es war ja schon einige Zeit verstrich, vielleicht sollte man das erste Date nicht so ausdehnen.

Noch beim Verlassen des Dorfkruges erzählte mir Bärbel von ihrer Leidenschaft zum Eishockey, speziell den Eisbären in der Mercedes Benz Arena. Am Wochenende sollte ein

Spiel gegen die Straubing Tigers stattfinden, zudem sie mich gerne einladen wollte.

Ich sagte ganz spontan zu, da ich auch gerne zum Eishockey ging und die Eisbären toll fand. Außerdem wäre ein zweites Treffen mit Bärbel ganz interessant. Ich sollte am Sonnabend um 15 Uhr am Ostbahnhof, am hinteren Ausgang, auf Bärbel warten. Sie würde mit der S-Bahn kommen und wir uns dort treffen.

Mal wieder ein Spiel der Eisbären zu sehen, die in der Tabelle immer ziemlich weit oben standen und mehrmals Deutscher Meister waren, interessierte mich schon sehr, und ich freute mich richtig darauf.

Ja, und das mit Bärbel, wie gesagt, war vielleicht einen zweiten Versuch wert. Ich fieberte dem Samstag entgegen und dann war es endlich so weit. Ich platzierte mich wie verabredet am hinteren Ausgang. Überall standen kleine Gruppen, die sich zu Spiel sammelten, um dann gemeinsam zur Mercedes Benz Arena zu pilgern. Die Lage war sehr unübersichtlich. Die meisten Eishockeyverrückten trugen Trikots ihrer Mannschaft, von den Eisbären und Straubing Tigers, sowie Tröten mit denen sie ordentlich Krach machten. Alle riefen wild durcheinander, und hatten sich anscheinend sehr viel zu erzählen. Bärbel hatte ich in dem Tumult bisher noch nicht entdecken können. Dann plötzlich sah ich sie in Begleitung von zwei Personen. Einem jungen Mann, höchstwahrscheinlich ihr Sohn und einer jungen Frau, seine Freundin. Alle drei trugen Eisbärentrikots und Schals. Sie begrüßten mich und Bärbel stellte mir ihren Sohn und seine Freundin aus Halle vor. Dann ging es durch eine größere Baustelle in Richtung Mercedes Benz Arena. Auf dem Platz vor der Arena sah man ein einziges Menschenmeer. Überall nur Eishockeyfans. Ich konnte mit Bärbel nicht so richtig ins Gespräch kommen. Es war ringsherum viel zu laut und zu viel Bewegung.

Die Menschenmenge versuchte nun durch mehre Eingänge in die Arena zu gelangen. Von hinten wurde gewaltig geschoben und vorne wurde jeder Einzelne erst einmal kontrolliert, das heißt abgetastet. Falls wir uns aus den Augen verlieren sollten hatte Bärbel mir schon meine Platzkarte übergeben, wir würden uns dann später auf unseren Plätzen wiedersehen.

Es dauerte schon seine Zeit bis ich endlich drin war. Nun suchte ich meinen Platz, der ganz oben in der Arena zu sein schien, praktisch unter dem Dach. Oben angekommen war Bärbel mit Anhang noch nicht da. Als sie kamen liefen gerade die Mannschaften mit großem Spektakel auf die Eisfläche ein. Neben mir nahm Bärbels Sohn mit der Freundin Platz. Ich konnte mich mit Bärbel dadurch so gut wie gar nicht unterhalten, außerdem war es so laut im weiten Rund, dass man sein eigenes Wort nicht verstehen konnte. Die Fans beider Mannschaften gaben ordentlich Gas.

Die Drei neben mir sprangen häufig auf und schrien lautstark irgendwelche Anfeuerungsrufe in die Menge und schwenkten ihren Schal wild durch die Gegend. Langsam wurde es mir peinlich, denn die Leute aus den benachbarten Reihen schauten schon entsetzt zu uns herüber. Das Spiel an sich war spannend, aber das ständige Gegröle nervte schon gewaltig. Ich tat so, als wenn ich nicht dazu gehören würde. Nach dem 1. Drittel strömten alle in die Pause. Sie holten sich jeder ein Bier, die Runde bezahlte ich und Bärbels Sohn und seine Freundin gingen auf den Balkon in der dritten Etage rauchen.

Dann wurde das zweite Drittel eingeläutet und alle drängten auf ihre Plätze zurück. Nun wurde es immer lauter in der Arena, da die Eisbären das Spiel bestimmten und mit 3 Toren in Führung gingen. Meine drei Nachbarn waren kaum noch zu bändigen, ständig sprangen sie von den Sitzen hoch. In der nächsten Pause bezahlte Bärbel die Runde Bier und wir konnten mal miteinander reden, da die anderen beiden wieder rauchen waren. Aber uns beiden fiel nichts so richtig ein, außer belanglosen Dingen. Der Gesprächsfluss war sehr zäh. Bärbel teile mir mit, dass sie mit ihrem Sohn und der Freundin im Anschluss noch etwas essen gehen wollten, in einem Lokal ganz in der Nähe.

Und sie fragte mich, ob ich mitkommen würde. Dazu hatte ich eigentlich überhaupt keinen Bock und versuchte eine passende Ausrede zu finden. Ich kann sie heute nicht mehr wörtlich wiedergeben, aber irgendein Sportfreund wollte später noch bei mir vorbeikommen und einen Trainingsplan für den Nachwuchs abstimmen. Die Sache war eigentlich schon längst erledigt, aber ich hatte überhaupt keine Lust mit den Dreien noch weiter um die Häuser zu ziehen. Nach meiner Meinung würde das mit Bärbel nie etwas werden, davon war in diesem Moment ich fest überzeugt. So musste ich leider nach einer Partnerin weiter auf die Suche gehen.

Ein paar Wochen später wurde ich zwangsweise noch einmal an das erste Date mit Bärbel erinnert. Von der Gemeinde in Petershagen kam ein Bußgeldbescheid über 30 Euro wegen zu schnellen Fahrens in einer Tempo-30-Zone auf der Dorfstraße. Ja, bei der zweiten Umrundung des Dorfplatzes hatte ich zu viel Gas gegeben.

6. Zugausfall vor Leipzig

Der ICE, den ich mir ausgesucht hatte, sollte laut Fahrplan um ca. 11.30 Uhr schon in Leipzig ankommen. Das hieß, das ich sehr früh aufstehen musste, was nicht so mein Ding war. Der Grund war ein erstes Date mit Katrin. Wir hatten uns am Hauptbahnhof in Leipzig verabredet, in ihrer Stadt. Von mir aus zum Hauptbahnhof in Berlin zu gelangen war eine Tortur. Ich kam oben mit der S-Bahn an und der Zug fuhr vom unteren Gleis ab. Katrin hatte mir auf einer Dating-Line so gut vom Aussehen gefallen und dann noch die vielen Matchpunkte, praktisch fast 90 Prozent Übereinstimmung, das will was heißen. Ja, wie ist es eigentlich dazu gekommen.

Als ich wieder in den Status eines Singles abrutschte, praktisch getrennt war, nach einer einjährigen Beziehung, fühlte ich mich anfangs frei und unbelastet. Ich wollte Dinge machen, unternehmen, die durch meine Beziehung in gewissem Sinne eingeschränkt waren. Häufig wird Mann von der Partnerin ausgebremst, was sich eigentlich im nach hinein, oder besser gesagt, fast immer als richtig erwiesen hatte. Aber ich glaube da erzähle ich nichts Neues.

Ich wollte mir etwas Zeit lassen, nichts überstürzen, hatte mich aber schon mal im Internet auf Partnersuche begeben. Und dabei die eine oder andere Plattform angesehen, aber das nützte mir nicht viel. Ich bekam keinen richtigen Zugriff und musste mich erst einmal mit meinem Profil anmelden.

Aber wo? Die Auswahl war groß, von einigen Plattformen hatte ich schon gehört, Anzeigen gesehen oder gelesen. Natürlich war das nicht kostenlos, dafür musste man monatlich einige Euros abdrücken, aber um dort mitspielen zu können, hatte ich leider keine andere Wahl.

Eigentlich wollte ich meine Auswahl nur auf einen überschaubaren Umkreis ausdehnen. Doch dann tauchte da eine Traumfrau im Internet auf, das heißt auf einer Plattform für Partnersuche. Es gibt ja heute zahlreiche Möglichkeiten nach einer Partnerin oder einem Partner bequem von zu Hause aus zu suchen.

Ja, im wahren Leben ist das Anbändeln, oder Anbaggern kaum noch möglich, oder nicht mehr in. Außerdem sieht es mit der vielfältigen Auswahl schon mal recht mau aus. Damit hat sich das Fischen ins Netz verlegt. In unserer Jugend gab es so etwas nicht, kein Internet kein Handy. Da fragt „Mann" sich, wie haben wir überhaupt miteinander kommuniziert, oder uns verabredet?

Man musste noch Liebesbriefe schreiben oder die Angebetete auf dem Tanzboden erobern. Da kam man allerdings viel schneller zur Sache und schon landete man in der Kiste. Auch coole Anmachsprüche waren ein probates Mittel. Aber das scheint der heutigen weiblichen Welt nicht mehr zu gefallen, von der Seite angequatscht zu werden. Da kann „Mann" mal ganz schnell angefeindet und als frauenfeindlich abgestempelt werden.

Heute zieht man sich in seine 4 Wände zurück und betreibt eine Art Computerspiel, nicht gegen den Computer, sondern gegen real existierende Mitspielerinnen. Man muss nur sein Profil zum Mitspielen eingegeben, sich dabei vorteilhaft präsentieren, dann kommen auch ziemlich schnell Angebote, fast wie in einem Katalog beim Otto-Versand.

„Mann“ kann aus den Angeboten nun eine oder mehrere herauspicken und Kontakt aufnehmen. Und schon beginnt das aufregende Spiel am PC. Ich habe die Erfahrung gemacht, dass am Tage nicht allzu viel passiert, praktisch die Mitspielerinnen nicht präsent sind. Viele haben möglicherweise noch einen Job und sind berufstätig, oder am Tage mit der Hausarbeit so beschäftigt und haben keine Ruhe und Zeit dafür am PC.

Ich dagegen bin schon im Vorruhestand und habe noch zwei Jahre bis zur Rente. Außerdem verfüge ich als Single über reichlich Zeit im Internet meine Angel oder das Netz auszuwerfen. Angeln war und ist noch eines meiner Hobbys, das ich schon seit dreißig Jahren leidenschaftlich ausübe. Aber das nur nebenbei.

Nach einer längeren Beziehung und einem Jahr solo, war ich wieder bereit eine neue Beziehung einzugehen, besser gesagt, ich brauchte dringend eine neue Partnerin. Ich bin nicht der Typ der allein durchs Leben schreiten möchte, eine neue Liebe fehlte mir schon sehr, aber diese zu finden war leider nicht so einfach, also musste ich aktiv im Netz auf der Suche sein. Wie anfangs schon erwähnt hatte ich eine Traumfrau im Netz gefunden, die mir nicht mehr aus dem Kopf ging.

Sie wohnte allerdings in Leipzig, nicht gerade in meiner Nähe. Eigentlich hatte ich ja reichlich Zeit und eine Abwechslung war auch nicht ohne und in Leipzig war ich das letzte Mal zur Messe. Man wie lange ist das schon her, daran kann ich mich nicht mehr genau erinnern. Ich glaube es war noch zu Ostzeiten.

Aber Katrin, so nannte sie sich, war 1,70 Meter groß, hatte eine schlanke Figur, reichlich Busen und ein hübsches Gesicht und ihre Haare waren hochgesteckt, vermutlich langes dunkelbraunes Haar. Sie war in Leipzig geboren hatte keine Kinder und lebte getrennt. An der Ostsee baute sie ein kleines Ferienhaus aus und war häufig zwischen Stadt und Küste unterwegs, also hatte sie alle Händevoll zu tun.

Schon nach einigen Mails waren wir uns einig persönlich kennenzulernen. Sie hatte noch keine richtige Vorstellung, wann, wie und wo wir uns treffen könnten. Nach dem Austausch unserer Handynummer, vereinfachte sich die ganze Sache wesentlich. Wir telefonierten häufiger miteinander, meistens am frühen Abend. Katrin wollte auf Grund der weiten Entfernung mir entgegenkommen, sodass sie mich auf halbem Wege zur Ostsee treffen wollte, irgendwo in einer Autobahnraststätte oder in einem Ort an der Autobahn.

Katrin schlug dann Glienicke, in der Nähe von Potsdam vor, wenn sie wieder zu ihrem Ferienobjekt fahren würde. Ich konnte mich mit dieser Variante nicht so richtig anfreunden. Eigentlich hatte ich Bock auf Leipzig, die Stadt sollte sich nach der Wende unheimlich entwickelt haben. Nach einigen Telefonaten einigten wir uns auf einen Wochentag und ich entschloss mich nach langer Zeit mal wieder mit der Bahn zu fahren. Also besorgte ich mir eine Fahrkarte für einen ICE, der vom Hauptbahnhof in Berlin, nach ca. eineinhalb Stunden im Hauptbahnhof von Leipzig ankommen sollte. Katrin wollte mich dort abholen und mir ihre Stadt zeigen.

Ich stieg in den ICE und konnte einen Fensterplatz ergattert, mit mir fuhren noch viele nach Leipzig, denn das Abteil war fast bis auf den letzten Platz besetzt. Der ICE hielt für mein Gefühl ziemlich oft an kleinen Bahnstationen. Von den

Meisten hatte ich noch nie etwas gehört. Irgendwie wurde ein äußeres Geräusch immer lauter. Dann fuhr der Zug in Gräfenhainichen ein. Der Halt dauerte ungewöhnlich lange. Nach fast zehn Minuten ertönte dann eine Lautsprecherdurchsage. Im ersten Moment konnte ich nicht so richtig verstehen, was durchgesagt wurde. Also fragte ich einen Fahrgast, was los sei. Er hatte die Durchsage auch nicht verstanden, war sich aber sicher, dass wir alle aussteigen müssten und der Zug nicht weiterfahren würde.

Alle verließen langsam den Zug und verteilten sich auf den Bahnsteig. Keiner wusste Bescheid wie es nun weitergehen sollte. Dann kam eine neue Durchsage, dass der Zug defekt sei und nicht weiterfahren könnte. Einer der Fahrgäste erzählte was von einem defekten Radreifen. Es soll wohl schon mal ein ICE mit defekten Radreifen zu einem schweren Unglück geführt haben. Ein anderer Fahrgast hätte während der Fahrt laute Geräusche gehört, was ich nur bestätigen konnte.

Wie sollte es nun weitergehen, meine Ankunft Zeit in Leipzig konnte ich vergessen. Ich musste Katrin anrufen und informieren, dass ich leider später ankommen würde. Ich wusste aber nicht genau um wieviel Minuten oder Stunden ich mich verspäten würde. Sie wollte auf dem Bahnhof auf mich warten. In der Zwischenzeit wurde auf dem Nachbargleis ein Zug nach Halle bereitgestellt und von dort sollte es dann nach Leipzig mit einer planmäßigen Zugverbindung weitergehen. Nun wurde ich unsicher, ob ich überhaupt noch mein Ziel erreichen würde, nach Halle wollte ich auf keinen Fall. Mein erstes Date und so viele Schwierigkeiten, damit hatte ich nicht gerechnet, sollte es einfach nicht sein, stellte ich mir die Frage. Dann fuhr der defekte ICE langsam aus dem Bahnhof und eine Weile passierte nichts.

Ein Teil der Fahrgäste war mit dem Zug nach Halle auf und davon.

Eine kleine Gruppe verharrte auf dem Bahnsteig und wartete, um auf direktem Weg nach Leipzig zu gelangen. Dann kam die Durchsage, dass ein normaler D-Zug in Richtung Leipzig eingesetzt werden würde. Als der Zug einfuhr, stiegen wir alle schnell ein, doch er fuhr nicht gleich los. Erst nach ca. zehn Minuten setzte er sich dann langsam in Bewegung. Ich traf dann mit einer Verspätung von fast einer Stunde am Hauptbahnhof in Leipzig ein. Ich war sehr gespannt auf Katrin und bekam etwas Bammel und eine gewisse Unsicherheit machte sich breit. Wie sollte ich ihr entgegentreten, was sollte ich sagen, wie das Gespräch eröffnen?

Nachdem ich den Zug verlassen hatte lief ich zum Ausgang.

Es ging nur in eine Richtung, der Zug konnte nicht in derselben Richtung weiterfahren, es war ein Sackbahnhof. Dann sah ich Katrin im bunten Sommerkleid mit einer leichten Jacke über dem Arm. Sie sah genauso hübsch aus wie auf ihren Fotos, sonnengebräunt, die Haare hochgesteckt, groß und schlank. Allerdings trug sie ganz flache Schuhe, vermutlich um nicht noch größer zu wirken.

In meinem Profil stand eigentlich 1,90 Meter, aber häufig wurde bei den Angaben auch etwas geschummelt, speziell beim Alter. Ja, wer jünger aussah konnte schon ein paar Jahre verheimlichen. Mit dem Schätzen des Alters ist es ja so eine Sache, da kann man schon mal gewaltig danebenliegen.

Und wie gesagt Frauen sollte „Mann“ sowieso nicht nach dem Alter fragen. Da fällt mir doch gleich der Song Mein Gott Walter von Mike Krüger ein. „Mein Gott Walter, er sah noch jung aus für sein Alter“.

Nachdem wir uns freundlich begrüßt hatten, lud mich Katrin in ein Bibliothek Café, direkt im Bahnhofsgebäude ein. Die ganze Anspannung war plötzlich wie weggeblasen, jedenfalls empfand ich das so. Wir bestellten zwei Cappuccino und sprachen erstmal über mein Zuspätkommen und ich berichtete vom Ausfall des ICEs.

Katrin machte sich darum weniger Sorgen. Sie hätte auch länger auf mich gewartet, da sie im und um den Bahnhof herum shoppen konnte, oder sich einfach ins Kaffee setzen, um die Wartezeit zu überbrücken.

Die Bahn musste die Fahrgäste ja irgendwie ans Ziel bringen. Sie war überzeugt das würde schon klappen. Nach diesem Einstieg unterhielten wir uns noch über viele persönlichen Dinge, mehr ein Frage- und Antwortspiel, bis Karin mir ihren Plan für unser erstes Date unterbreitete. Zuerst wollte sie mir ihr Stadtzentrum zeigen, dann zu einem Naherholungsgebiet zum Mittagessen fahren und im Anschluss Kaffeetrinken. Danach würde sie mich wieder zum Bahnhof bringen.

Ich wusste das ein Zug um ca. 17.45 Uhr nach Berlin fuhr, den wollte ich möglichst erreichen um spätestens um 21 Uhr wieder zu Hause zu sein. Wir gingen, oder besser wir schlenderten durch einen Teil des Zentrums, dicht um den Leipziger Hauptbahnhof gelegen. Unser Weg, den Katrin vorgab, führte über den Markt, am Mendelssohn-Haus vorbei, über den Wilhelm-Leuschner-Platz und durch eine Einkaufspassage. Sie zeigte mir das alte Gewandhaus in einem speziellen

Still, der bei mir leider nicht hängen geblieben ist, so ausgefallen war er. Ich hatte bisher noch nie davon gehört. Auffällig waren viele Café Häuser und Restaurants, sowie kleine Kneipen.

Die ließen wir aber alle links liegen, denn Katrin steuerte auf ein ganz bestimmtes Ziel zu. Dabei hielt sie mir einen Vortrag, wie eine professionelle Stadtführerin. Ich merkte das sie ihre Stadt, mit ihren vielen Sehenswürdigkeiten, sehr liebte. Dazu gehörten die Thomanerkirche und das gegenüberliegende Museum von Johann Sebastian Bach und der Auerbachs Keller.

In mir erwachten ganz spontan Erinnerungen an den schwierigen Stoff von Goethes Faust, den wir im Deutschunterricht deklarieren und sezieren mussten. Was war da nicht alles in den Texten verborgen.

Seine Werke sollten noch vielen Generationen von Schülern, Kopfzerbrechen bereiten.

Katrin sah, dass ich in Gedanken versunken war und ging vor mir her, sie verfolgte hartnäckig ihren Weg durch Leipzig, um auf die Aussichtsplattform des Panorama Towers zu gelangen. Dort von oben hatten wir einen herrlichen Blick über Leipzig und seine Umgebung.

Ja, praktisch konnten wir die ganze Stadt aus der Vogelperspektive sehen. Die Aussichtsplattform befindet sich in 120 Metern Höhe, der Turm hat eine Höhe von 142,5 Metern, mit den Antennen kommt er sogar auf 155,40 Meter. Nach seiner

Fertigstellung 1972 war der „Uni Riese“ das höchste Gebäude Deutschlands[5].

Die Fahrt mit dem Fahrstuhl nach oben, war nicht kostenlos, man musste ein Ticket für vier Euro lösen, um auf die Plattform zu gelangen. Der Ausblick war wirklich umwerfend, bei klarem, wolkenlosem Himmel und Sonnenschein war die Aussicht wirklich ganz toll.

Dort oben verbrachten wir über eine halbe Stunde, bevor wir wieder hinunterfuhren. Dann marschierten wir fast denselben Weg zum Bahnhof zurück, wo Katrins Auto in einem Art Parkhaus stand. Dann fuhr sie mit mir zum Kulkwitzer See, einem Naherholungsgebiet im Süden von Leipzig. Unterwegs erfuhr ich, dass der See aus zwei ehemaligen Braunkohletagebauen entstanden sei, die mit Wasser geflutet wurden. Direkt am Ufer befand sich ein Restaurant mit einer Terrasse, die halb in den See ragte. Die Terrasse war ziemlich voll besetzt, doch wir entdeckten noch einen freien Tisch und nahmen Platz. Wir bestellten uns etwas zu Trinken und einen kleinen Imbiss. Katrin erzählte mir dann von ihrer Mutter, die seit vierzehn Tagen im Seniorenheim untergebracht war und Pflege benötigte. Sie würde sie dort häufig besuchen und müsste ihr heute noch etwas von zu Hause vorbeibringen.

Wir genossen die Sonne und unsere Getränke und plauderten ganz ungezwungen mit einander. Katrin war mir von Anfang an sehr sympathisch und ich hatte das Gefühl, sie schon länger zu kennen.

So ungezwungen konnte ich mit ihr reden und meine Blicke nicht von ihrem schönen Gesicht abwenden.

---

[5] Google

Sie hatte eine tolle Ausstrahlung und eine ganz angenehme Stimme. Ja, sie war schon eine sehr hübsche Frau, um die mich so mancher Mann beneiden würde. Schon beim Betreten der Terrasse drehten sich fast alle Gäste nach ihr um.

Vom See fuhren wir zu ihr nach Hause. Sie wohnte nicht sehr weit entfernt im Grünen, in einem schönen Einfamilienhaus. Man konnte von außen das Grundstück nicht einsehen. Die Zufahrt ging durch ein großes Tor, am Briefkasten lass ich neben ihrem Namen noch Dr. Müller. Das irritierte mich etwas, aber ich wollte erst später nachfragen. Das Haus war sehr schön eingerichtet, „Mann" sah eindeutig die Hand einer Frau. Katrin kochte Kaffee und brachte Kuchen auf die Terrasse, auf der ich Platz genommen hatte. Auf meine Frage zu Dr. Müller erzählte sie mir, dass das nur zu ihrem Schutz sei, dass keiner auf die Idee kommt, dass sie hier alleine wohnt. Es klang auf jeden Fall plausibel und ich wollte auch nicht weiter nachbohren. Wir saßen gemütlich bei Kaffee und Kuchen, der von ihr selbst gebacken war und tauschten uns über unser bisheriges Leben aus, dass was jeder von sich preisgeben wollte. Dabei verging die Zeit wie im Fluge. Wie gesagt, Katrin wollte ihrer Mutter noch etwas ins Seniorenheim bringen und mich vorher wieder am Bahnhof abliefern. Ich wäre gerne noch länger mit ihr zusammengeblieben, aber fürs erste Date war es schon übergebührlich lange, wenn man von ein bis zwei Stunden ausgeht.

Ich weiß nicht wer diese Regel aufgestellt hat, aber ist „Mann" enttäuscht über die Date Partnerin geht er gleich, oder rutscht ungeduldig auf seinem Stuhl hin und her und wartet auf den geeigneten Absprung.

Das wird wahrscheinlich auch für die meisten Frauen zutreffen.

Wir beide hatten keinerlei solche Gedanken.

Katrin fuhr mich zum Bahnhof und bedankte sich herzlich über meinen Besuch, wir umarmten uns und küssten uns flüchtig. Wobei ich die Initiative übernahm und sie es geschehen ließ. Ich hatte das Gefühl, dass sie auch mich sympathetisch fand.

Wir versprachen uns, auf jeden Fall mit einander zu telefonieren. Bis der Zug abfuhr hatte ich noch etwas Zeit und schlich durch die Geschäfte am Bahnhof. Vor der Abfahrt trank ich noch ein Bier. Zu Hause begann meine Leidenszeit, ein Gedanke hatte sich festgesetzt, wann werde ich Katrin wiedersehen?

„Ohne Frauen geht es nicht. Das hat sogar Gott einsehen müssen."[6]

Wir telefonierten zwar häufig und länger miteinander, aber eine Verabredung für ein weiteres Treffen wollte uns einfach nicht gelingen. Von meiner Seite aus wäre ich für alles offen gewesen. Katrin hatte einfach zu viel um die Ohren. Sie musste häufig ihre Mutter besuchen, hatte Stress mit dem Ausbau ihres Ferienhauses an der Ostsee, speziell mit den Handwerkern und musste ihr Haus und Garten pflegen.

Vielleicht waren das alles nur Ausreden, ich empfand das sie mich hinhielt.

Irgendwann war ich wieder im Netz auf der Suche nach einer Partnerin.

Unsere Beziehung hatte aus meiner Sicht, schon wegen der großen Distanz, keine richtige Zukunft, der Fall war hoffnungslos.

---

[6] Elenora Duse

Ich schrieb Katrin eine E-Mail, dass es besser wäre an dieser Stelle abzubrechen. Sie war anfangs etwas enttäuscht, bestätigte aber dann meine Entscheidung, sie hatte wirklich zu diesem Zeitpunkt zu viel um die Ohren. Außerdem wären wir kaum zusammengekommen, ich bestand darauf in Berlin zu leben und Katrin war zu stark mit ihrem Leipzig verbunden. Eine Liebe nur an den Wochenenden war überhaupt nicht mein Plan. Wie Katrin darüber dachte konnte ich bis heute nicht in Erfahrung bringen, vielleicht wäre sie ja damit zufrieden gewesen oder das war ihre Vorstellung von einer Beziehung, dass ich ab und zu den Dr. Müller gebe.

7. Zwei Anläufe zum 1. Date

Mike hatte nicht unbedingt die Absicht, solo durchs Leben zu schreiten, wollte aber noch keine längere Beziehung eingehen. Eigentlich liebte er die Abwechslung. So hatte er auch noch in keiner längeren Beziehung durchgehalten. Er wollte eher frei und unabhängig sein wie er sich einredete, einfach stressfrei durchs Leben gehen. Aber ganz ohne Frau würde er doch nicht auskommen, sie gehörte einfach dazu.

Vieles drehte sich bei ihm um das weibliche Geschlecht. Mike liebte kurze Affären, auch mal ein One-Night-Stand. Früher trieb er sich gerne in Bars und Tanzlokalen herum, um die eine oder andere Braut, wie er sie bezeichnete, abzuschleppen. Aber viel zu oft ging er leer aus, entweder war sein Beuteschema nicht dabei, oder er bekam häufig einen Korb, was seinem Ego gar nicht guttat.

Mittlerweile hatte sich auch Mike auf die heute gängige Partnersuche eingestellt, praktisch von Zuhause im Internet auf die Suche zu gehen.

Dafür wurde ja viel Werbung im Fernsehen und Zeitschriften gemacht. Wie alle Welt, surfte er nun auch sehr häufig im Netz und auf den verschiedensten Portalen, nicht nur auf normalen Kontaktbörsen, sondern auch unter etwas schlüpfrigen Angeboten.

Immer in der Hoffnung eine Braut für das Wochenende zu organisieren, zum Abspannen nach einer harten Arbeitswoche. Leider konnte Mike anfangs nicht tiefer in die Materie eindringen und quasi nur an der Oberfläche kratzen. Um richtig mitspielen zu können musste „Mann“ sich schon anmelden und auch noch Geld dafür bezahlen. Da konnte er schon mal dreißig bis sechzig Euro pro Monat abdrücken und das ohne Erfolgsgarantie. Er wusste, dass gerade in der Werbung häufig gelogen wurde, um die Waren an den Mann zu bringen.

Das mit der Teilnahme bereitete ihm anfangs einige Kopfschmerzen. Wieviel Wahrheit sollte er in seinem Profil preisgeben und was für ein Foto einstellen? Um Erfolg zu haben und seine Wunschvorstellungen umsetzen zu können, musste die Wahrheit nicht immer hilfreich sein. Also konnte schon ein wenig geschummelt werden, schließlich wollte Mike über das Netz mit tollen Frauen zwanglos plaudern und vielleicht auch Treffen fürs Wochenende vereinbaren. Ja, irgendwann musste er aktiv werden, koste es was es wolle. Wie gesagt, er feilte konzentriert, an seinem Text. Sein Profil sollte besonders aussagekräftig werden.

Die Frauen sollten darauf fliegen, ja das mussten sie, davon ging er aus, und er war eigentlich fest überzeugt davon. Aber da war noch der monatliche Obolus, der entrichtet werden musste, um an dem Computersuchspiel teilzunehmen zu können. So richtig war ihm die Höhe des Betrages nicht klar, ob monatlich oder vierteljährlich. Aber es half ja nix, zum Mitspielen war eben wie überall ein Einsatz, oder Startgeld erforderlich.

Mike hatte ganze Arbeit geleistet, sein Foto und Profil kam gut an, das meldete jedenfalls der Computer, indem der eine Vielzahl von Frauen anzeigte, die sich sein Profil und Foto schon angesehen hatten. Nun war er an der Reihe und musste seine Auswahl treffen, was nicht so einfach war und einige Zeit beanspruchte. Priorität hatte natürlich die Auswertung der Fotos. Eine Frau hatte es ihm besonders angetan, sie hatte viele Fotos eingestellt, davon waren einige recht freizügig.

Sie regte seine Fantasie an und entsprach genau seinem Beuteschema.

Die Auserwählte war eine gebürtige Polin, die auf diesem Wege einen deutschen Partner suchte. Nachdem er mit ihr, Elsbieta, drei Mails ausgetauscht hatte, um sich kennenzulernen, kam von ihr die spontane Einladung zu einem gemeinsamen Treffen am S-Bahnhof in Zeuthen.

Mike war sehr begeistert und sagte sofort zu. Von Bahnhof wollte Elsbieta mit ihm ein Restaurant aufsuchen. Im Umkreis gab es zahlreiche Möglichkeiten, einen Griechen, einen Chinesen und ein Café. Mikes Favorit war der Chinesen, dessen Küche liebte er sehr, besonders scharf musste es sein. Er bevorzugte Ente kross, Frühlingsrollen und Sauer/Scharf Suppe. Eigentlich schmeckte ihm dort fast alles. Am Samstag, um 17 Uhr, wollten sich Elsbieta mit ihm am Bahnhof treffen.

Mike machte sich schon etwas früher auf den Weg und fuhr mit der S-Bahn. Da er den Fahrplan nicht kannte, viel zu selten nutzte er die S-Bahn. In Zeuthen angekommen, sollte er den Ausgang rechts in Fahrtrichtung benutzen, dort würde sie auf ihn warten. Er kam aus Richtung Königs Wusterhausen, nur zwei Stationen entfernt. Es waren noch fast zwanzig Minuten bis 17 Uhr. Er postierte sich seitlich vom Ausgang und konnte so alles recht gut überblicken. Was Mike nicht genau wusste war, von wo Elsbieta kommen würde. Da gab es drei Möglichkeiten, direkt vom S-Bahnhof, durch die Bahnhofsunterführung von der anderen Seite, oder direkt aus Zeuthen. Alle zwanzig Minuten kam aus beiden Richtungen eine S-Bahn und die Leute strömten an ihm vorbei. Die meisten kamen mit der Bahn aus der Stadt, da musste er den Überblick behalten. Es war schon eine Viertelstunde über die Zeit und Mike wurde langsam unruhig. Sollte sie ihn versetzt habe, waren seine Gedanken. Vielleicht hatte er ja auch links und rechts verwechselt und so ging er durch den Tunnel auf die andere Seite. Dort war auch keine Spur von ihr. Nach einer halben Stunde war Mike sich sicher, dass sie nicht mehr kommen würde und ihn praktisch versetzt hatte.

Mit hängendem Kopf fuhr er mit der nächsten Bahn wieder nach Hause, wo der Elsbieta eine Mail schrieb, in der er nachfragte, warum sie nicht gekommen sei, und ihn damit versetzt habe. Am späten Abend kam eine Antwort von ihr. Auf ihrer Arbeit sei eine Kollegin ausgefallen und sie musste dadurch länger arbeiten, ihr Chef hat sie nicht gehen lassen. Gut, das konnte Mike schon irgendwie verstehen, trotzdem hatte er so seine Zweifel, wollte aber noch nicht lockerlassen und hoffte auf einen erneuten Versuch für ein Date mit ihr. Aber sie antwortete ihm nicht mehr und damit konnte er sie endgültig abschreiben.

Ihm blieb nichts Anderes übrig, als weiter das Netz zu durchforsten.

Meist an Abenden, wenn kein Fußball übertragen wurde, setzte er sich vor seinen Laptop und surfte im Internet oder schaute sich auch mal einen Pornofilm an.

Plötzlich tauchten nackte oder halbnackte Frauen in seiner Nähe auf, die unbedingt Sex wollten. Das waren ja mal Angebote dachte Mike. Aber vergeblich versuchte er sie zu kontaktieren, bis er herausfand, dass er sich dort auch anmelden musste, trotzdem es kostenlos seinen sollte, wollten die auch

Geld haben. Seine weiteren Versuche scheiterten an diesem Abend allerdings komplett.

In den nächsten Tagen versuchte er es wieder auf der bekannten Plattform, schließlich hatte er ja dafür bezahlt und der Monat war noch nicht um. Er fand auch ziemlich schnell eine ansprechende, schwarzhaarige Frau mit kurvenreicher Figur aus dem Pool und hoffte auf ein Date mit ihr. Sie, nannte sich Heidi, und hatte gleich am Wochenende Lust ihn zu treffen. Nach seiner ersten Enttäuschung hoffte er nun auf sein erstes Date mit einer Internetbekanntschaft. Wie sie ungefähr aussah und einige Dinge aus ihrem Profil wusste Mike schon, aber ansonsten war sie ihm völlig unbekannt, fast wie bei einen Blinde Date, oder verwechselte er da was.

Diesmal fuhr Mike nicht mit der Bahn, sondern mit dem Fahrrad.

Der Treffpunkt war fast bei ihm um die Ecke, beim Italiener in Wildau. Auch beim Italiener mochte er mediterrane Küche sehr, besonders Lamm schön scharf gewürzt und als Vorspeise Buscetta Brötchen und hinterher Tiramisu und Zwischendurch einen doppelten Ramazotti mit Zitrone und Eis.

Er musste langsam fahren, um nicht völlig durchgeschwitzt anzukommen und damit entsprechend zeitiger los. Diesmal konnte er sich ins Restaurant setzen und ganz entspannt auf Heidi warten, genüsslich ein Bier trinken und hoffen das sie auch kommt. Alles ganz ohne Hektik, nur der Kellner nervte, er wollte wissen ob er etwas zu Essen bestellen wolle und ob noch jemand kommen würde. Er speiste den Kellner erstmal mit einem Nein ab. Die Zeit an der Heidi ihn dort treffen wollte rückte immer näher. Im Restaurant waren noch nicht allzu viele Tische besetzt. Mikes Blick richtete sich ständig in Richtung Eingangstür, denn nur von dort konnte sie kommen.

Und dann trat sie durch die Tür und stand einen Moment im Garderobenbereich, hängt ihre Jacke an und blickte suchend in den Gastraum. Ihre Blicke trafen sich und Mike erhob sich von seinem Stuhl und winkte Heidi zu. Sie kam lächelnd zu seinem Tisch und sie begrüßten sich noch etwas steif. Er bat sie Platz zu nehmen und erkundigte sich nach ihrem Getränkewunsch. Nach dem er einen Schoppen Rose‘ und sich noch ein Bier bestellt hatte, legte Heidi gleich los und wollte vieles über ihn wissen. Er hatte kein Problem damit und musste nur die richtigen Antworten auf ihre Fragen finden. Es entwickelte sich ein fast flüssiges Gespräch, ab und zu warf er auch eine Frage ein, die sie auch ohne Umschweife beantwortete.

Mike fand Heidi sehr sympathisch und attraktiv, ihre Stimme gefiel ihm und er hörte ihr gerne und aufmerksam zu. Nach ihren Blicken und ihrer Körpersprache musste sie ihn auch sympathisch finden, so empfand er jedenfalls.

Dann stand der Kellner schon wieder am Tisch und fragte wegen einer weiteren Bestellung nach. Mike und Heidi waren sich einig, etwas zu Essen zu bestellen und nochmals Getränke.

Mike hatte das Empfinden, das die Chemie stimmte und bestellte noch Wein und Bier nach. Er fühlte sich äußerst wohl mit Heidi und wollte die Zeit mit ihr nutzen und ging langsam zum Angriff über. Er wollte das Date nicht so schnell beenden, und hatte das Gefühl das Heidi ähnlich dachte, aber er konnte sich auch täuschen. Irgendwo hatte er mal gehört oder gelesen, dass man beim ersten Date ein gewisses Zeitlimit nicht überschreiten sollte, aber ob das unbedingt einzuhalten war, wenn es so funkt wie bei ihnen gerade, war die große Frage?

In Gedanken wartete Mike nur noch auf die übliche Frage: „Gehen wir zu mir oder zu dir“?

Von ihm aus war es natürlich viel günstiger, zu ihr zu gehen, er war ja mit dem Rad da, wie sollte er sie da mitnehmen? Heidi so offen zu fragen traute sich Mike auch wieder nicht, er dachte mal lieber abwarten.

Nach dem dritten Glas Wein wollte Heidi nach Hause gehen. Mike bezahlte die Rechnung und fragte Heidi ob er sie nach Hause bringen dürfte. Sie hatte nichts dagegen, sie wohnte zwei Querstraßen weiter in einer Zweiraumwohnung. So begleitete er Heidi, sein Fahrrad schiebend, bis vor ihre Haustür. Dort machte Heidi noch keine Anstalten nach oben zu gehen. Mike stellte sein Rad ab und wollte Heidi zum Abschied umarmen und küssen. Sie ließ es geschehen und Mike wurde mutiger und aus dem flüchtigen Kuss wurde ein leidenschaftlicher, so dass sich beide Zungen berührten. Auch die Umarmung wurde fester. Zwischen durch, um Luft zu holen, flüsterte Heidi im ins Ohr:

„Ob er noch mit hochkommen wolle?“

Er konnte es kaum fassen, hatte er beim zweiten Anlauf sein Ziel schon erreicht? Mike stellte sein Rad in den Hausflur und beide gingen hoch in ihre Wohnung. Oben angekommen führte sie ihn ins Wohnzimmer und bat ihn auf dem Sofa Platz zu nehmen. Heidi verschwand kurz ins Bad und kam mit einer Weinflasche und zwei Gläser aus der Küche wieder. Sie setzte sich neben ihn und goss die Gläser voll. Sie prostetet sich zu, stellten die Gläser ab und umarmten und küssten sich innig. Mike wurde schon etwas mutiger und streichelte ihren Hals und den Rücken, ließ dann eine Hand auf ihren Oberschenkel liegen. Dann streichelte er ihr Brüste, die sich sehr gut anfühlten. Heidi ließ alles geschehen und fuhr mit ihrer Hand von seinem Oberschenkel zum Schritt und drückte seinen Schwanz der sich in seiner Hose aufbäumte. Nun war das Eis gebrochen und sie begannen sich gegenseitig auszuziehen und als beide fast nackt waren nahm Heidi Mike an die Hand und zog ihn mit sich in ihr Schlafzimmer. Sie vielen wild übereinander her und er drang in sie ein. Die Woge der Ekstase spülte über sie hinweg. Danach waren beide völlig erschöpft und lagen noch eine Weile fest umschlungen beieinander.

Heidi bat Mike nach Hause zu fahren, er könne nicht über Nacht bleiben, denn sie müsste morgen ganz früh raus zur Arbeit. Außerdem war sie es nicht mehr gewöhnt zu zweit in ihrem Bett zu schlafen. Mike war nicht sehr froh über ihren Wunsch, hatte aber durchaus ein Einsehen. Es war ja erst kurz nach Mitternacht und er hatte es ja nicht sehr weit mit dem Fahrrad. So zog er sich wieder an, küsste Heidi noch mal leidenschaftlich und verließ ihre Wohnung. Er schwang sich auf sein Fahrrad und machte sich auf den Heimweg. Am Fontane-Center, in der Raucherkneipe, brannte noch Licht und plötzlich hatte Mike richtig Durst und hielt vor der Kneipe an. Hier war er noch nie eingekehrt. Durch die Scheibe konnte er kaum etwas sehen, da die Beleuchtung innen recht schummrig war. Drinnen saßen noch einige Gestalten mit einem Bier vor sich. Alles nur Männer, nur hinterm Tresen stand eine Frau. Mike bestellte sich ein Bier und quatschte einen Gast neben sich am Tresen an, ob er eine Zigarette schnurren könnte. An sich war er nur Gelegenheitsraucher, wenn er zu viel getrunken hatte, aber in dieser Räucherhöhle musste er einfach mitrauchen, ob nun passiv oder aktiv war auch egal.

Das erste Bier hatte er förmlich runter gestürzt, dabei dachte er nochmal an Heidi, mit der er gerne die ganze Nacht verbracht hätte. Dann bestellte er noch ein zweites Bier und lud den freundlichen Zigarettenspender zum Bier ein, was er dankend annahm. Nach einem kurzen Gespräch mit ihm war auch das zweite Glas leer und Mike bezahlte, verabschiedete sich und fuhr den Rest des Weges nach Hause. Einen Monat lang besuchte Mike seine Eroberung, ein bis zweimal die Woche in ihrer Wohnung, durfte aber nie über Nacht bleiben. Heidi wollte, dass er nur zu ihr kommen sollte, jedoch nach ein paar Stunden wollte sie ihn wieder loswerden. Das gefiel Mike auf die Dauer überhaupt nicht. Allmählich kam die Beziehung ins Stocken und Mike orientierte sich neu im Internet für ein drittes Date.

Auch Heidi meldete sich kaum noch, sodass er annahm, dass auch sie auf neuer Partnersuche seien musste. Mike, der ja keine längeren Beziehungen liebte, war am Ende mit der Situation ganz zufrieden. Möglicherweise hatte er mit Heidi eine Freundin im Geiste gefunden.

8. Christina und das Theater

Ich lernte Christina, an einem Mittwoch, in einem Einkaufpark, im Zentrum von Eisenhüttenstadt kennen. Wir hatten uns dort zu unserem ersten Date verabredet. Der Vorschlag kam von Christina, sie wohnte in dieser Stadt, ziemlich weit entfernt. Es lagen schon sehr viele Kilometer zwischen uns. Aber ich glaube in der Regel muss der Ritter der Angebeteten entgegen reiten, das heißt den ersten Schritt machen. Wenn „Mann“ wirklich interessiert ist, ist er auch bereit dazu. Jedenfalls zu Anfang, aber häufig bleibt es auch dabei.

Wir hatten uns im Netz gefunden, auf einer der Plattform zur Partnersuche. Das Motto war, ganz auf die Schnelle eine passende Partnerin oder Partner zu finden. Das Computerprogramm würde die gemeinsamen Matchpunkte schon herausfiltern. Bei uns beiden dauerte es längerer, bis sich unsere

Matchpunkte trafen, es ging nicht so schnell, vielleicht waren wir oder die anderen zu anspruchsvoll. Die vielen Profile und Fotos der Suchenden zu prüfen, um eine passende Partnerin zu finden, war auf keinen Fall einfach. Das nahm schon viel Zeit in Anspruch, zumal ich auch nicht ganz sicher war und auch noch keine richtigen Vorstellungen hatte, wen oder was ich überhaupt suchte.

Aber an dieser Stelle muss ich erstmal nachtragen wie ich in diese Situation gekommen bin und was mich veranlasste, auf die Suche nach einer Partnerin zu gehen.

Ich lebte schon längere Zeit in einer guten Beziehung, wenn ich von mir ausging. Leider kann man nie voraussagen wie lange sie halten wird.

Heute noch zu zweit, kann es morgen schon ganz anders sein. Das wirft einen so richtig aus der Bahn, mir erging es jedenfalls so. Nach einer längeren, harmonischen Zweisamkeit kam eine unvorhergesehene schmerzliche Trennung, und mein Leben stand praktisch auf dem Kopf.

Meine Partnerin hatte einfach einen anderen Kerl kennengelernt, sich über beide Ohren verliebt und mir den Laufpass gegeben, wie man so schön zu sagen pflegt.

Für mich lief Anfangs alles durcheinander, ohne jegliche Struktur, der Schmerz saß tief und fest. Ich fühlte mich irgendwie gelähmt, praktisch Handlungsunfähig, ohne Freude. Nachdem ich eine Zeitlang plan- und ziellos dahinvegetierte, musste ich die Notbremse ziehen.

Meine Freunde und Bekannten machten sich große Sorgen um mich.

Trotz vieler Angebote und Unterstützungen ihrerseits, mir unter die Arme zu greifen, konnten sie mich nicht so richtig aufrichten. Für mich die Partnerin zu ersetzen war unmöglich. Ich war fest überzeugt, den meisten Menschen ging es wir mir, sie wünschten sich die Zweisamkeit, trotzdem blieben viel zu viele solo, praktisch Singles.

Irgendwie hat sich das Kennenlernen im normalen Leben völlig auf die Internetplattformen verschoben. Dort sind zwar sehr viele auf der Suche nach einem Traumpartner. Und man sagt bekanntlich: „Wer sucht der findet“. Aber so einfach scheint das nicht zu funktionieren, sonst wäre die Anzahl der Singles nicht so hoch und ansteigend, wenn man den Statistiken glauben darf.

Nach einer längeren Zeit hatte ich einen gewissen Abstand gewonnen und war bereit für eine neue Beziehung, besser gesagt, ich brauchte sie dringend. Durch die Kontaktaufnahme über das Internet, konnte ich ganz bequem von zu Hause auf die Suche gehen. Schließlich gab es ja zahlreiche die sich im Netz tummelten. Auf meinen Laptop, mit dem ich halbwegs umgehen konnte, legte ich einfach los.

Aber so einfach, wie ich anfangs dachte, war das Ganze nicht. Ich musste erstmal ein Profil von mir erstellen und mich ordnungsgemäß anmelden, meine persönlichen Daten offenbaren und noch viele Geheimnisse von mir preisgeben, oder auch nicht. Ja, „Mann“ sollte sich ganz schön nackig machen, nicht nur den kleinen Finger, sondern die ganze Hand reichen.

Wenn ich die ganze Sache richtig verstand, wollte das Programm an Hand meiner Angaben eine passende Partnerin finden, praktisch Gemeinsamkeiten herausfinden und dann über die Anzahl der Übereinstimmungen, die richtige Partnerin ermitteln. Wie das funktioniert, konnte ich mir durchaus vorstellen. Die zu mir passenden Frauen tauchen dann einfach auf dem Bildschirm auf, und ich musste mir nur noch eine davon aussuchen. Praktisch gesehen eine ganz schön spannende Geschichte. Ja, die Sache konnte zur Sucht werden und die Zeit verflog wahnsinnig schnell. Mit großem Interesse durchforstete ich die möglichen Angebote. Ihre Anzahl war anfangs noch sehr übersichtlich, aber ganz allmählich steigerten sich die Angebote. Vor allen Dingen, die Prozente der Matchpunkte, erhöhten sich, mit denen die Gemeinsamkeiten prozentual dargestellt wurden, wo sich doch eigentlich Unterschiede, Gegensätze anziehen sollen? Die ganze Suche brauchte schon seine Zeit und könnte durchaus auch ohne Erfolg enden, ansonsten würden ja eines Tages die ganzen Singles verschwunden sein, aber das Gegenteil ist wohl momentan der Fall.

Ganz wichtig waren natürlich die Fotos, schön, wenn mehrere eingestellt waren. Natürlich auch das Profil und das Alter mussten passen. Da man so gut wie nichts über die Partnerin weiß, spielt das Aussehen eigentlich die alles entscheidende Rolle, um aufmerksam zu werden.

Mit dem ausgewählten Umkreis für die Suche funktionierte es nicht so richtig, aber egal, da muss „Mann“ durch. Da werden die angegebenen 50 km schon mal schnell überschritten.

Aber zuvor musste ich erstmal sinnvoll auf eine Nachricht, Angebot oder Anfrage antworten. Es ist schwierig, auf keinen Fall einfach, die richtigen Worte zu finden. Wie sollte man anfangen mit einer Beziehung übers Internet, wie beginnen? Am besten mit einem coolen Text.

Mir wollte einfach nichts einfallen. Immer wiedermal tauchten sehr ansehnliche Frau mit recht interessanten Profilen auf, so dass ich irgendwann mal loslegen musste, wollte ich wirklich Kontakt über diese Schiene aufnehmen, um eine Partnerin zu finden. Also musste ich etwas intensiver einsteigen und mich interessanter darstellen. Und dann, plötzlich wurde die ganze Sache enorm spannend, fast wie ein Computerspiel mit echten Gegenspielern, da nun häufiger Rückmeldungen aufliefen. Es wurde zu einem aufregenden Zeitvertreib, der eine gewisse Sucht entwickelte und mich an meinen Laptop fesselte.

Ich fuhr den Computer mindestens zehnmal am Tage hoch, aber leider kam es in dieser Phase zu keinem realen Date. Es blieb vorerst nur ebnen beim Spiel. Irgendwie wollten die meisten Frauen nur regelmäßig chatten, sich unterhalten. Den meisten reichten wahrscheinlich ein oder mehrere Partner im Netz, mit denen sie kommunizieren konnten, um sich die Langeweile zu vertreiben. Also doch in Richtung Computerspiel, ohne zwingende Kontaktaufnahme, mehr um gefahrlos zu flirten.

Ja, wer ist schon ein Frauenversteher und kennt sich mit ihren Wünschen oder Vorstellung von einem idealen Partner aus. Vielleicht wird immer zu viel vorausgesetzt und so ein Mann ist dann sehr schwer zu finden, oder existiert nicht im realen Leben. Wenn die Frauen zu keinen Kompromissen bereit sind, wird die Suche vergebens. Häufig ist der Wunsch schon vorhanden, jedoch fehlt den meisten der Mut sich Hals über Kopf in ein Abenteuer zu stürzen, die Vorsicht ist eben die Mutter der Porzellankiste.

Eine Weile machte ich, wie gesagt, dieses Spiel mit und war täglich gespannt auf neue Nachrichten, Anfragen oder Angebote. Wie das klingt. Mittlerweile wurde es auch bei mir zum täglichen Zeitvertreib. Besonders aktiv wurden die Frauen am Abend bis spät in die Nacht hinein, zu dieser Zeit saß ich meist vor der Glotze und las die Neuigkeiten erst am nächsten Morgen, nach dem Frühstück.

So verging reichlich Zeit ohne die kleinste Chance auf eine echte Verabredung, zu einem Kennenlernen, in Form eines Dates. Nicht das ich meinerseits schon Angebote zu einem Treffen angefragt hätte, aber keine der Frauen ließ sich bisher aus der Reserve locken. Vielleicht war ich auch zu wählerisch was das Aussehen, Alter und ihr Profil betraf. Um die ganze Sache noch interessanter zu gestalten, versuchte ich es dann auf einer anderen Plattform. Da waren auch Verabredungen zu schnellen Sexabenteuern möglich, mit Frauen in deiner Nähe. Die meisten auf dieser Seite waren sehr nachtaktiv und tauschten zu später Stunde nicht ganz jugendfreie Angebote aus, die aber aus meiner Sicht kaum ernst gemeint sein konnten.

Als Krönung tauchten anrüchige Fotos auf. So sendete mir eine Frau ein Foto von ihrer „Lustgrotte“ zu, oder eine andere, ein Bild von ihrer Lieblingsstellung, der 69ziger, die sie beim Sex bevorzuge.

Ich könnte noch mehr von dem „Schweinskram“ aufführen, behalte aber den Rest besser für mich. Nicht etwa, dass wir Männer darüber völlig schockiert wären, aber mit so etwas hatte ich wirklich nicht gerechnet.

Auch Männer sollen solche anrüchigen Bilder ins Netz stellten, erfuhr ich später von einer Bekannten.

Ich fischte also weiter im „Internet“, bis sich eines Morgens auf eine Nachricht aufmerksam wurde, von einer Frau, die ernsthaft interessiert zu seien schien. Sie wollte mit mir Kontakt aufnehmen und nicht weiter nur chatten, sondern gleich die Telefonnummern oder E-Mailadressen austauschen. Praktisch ganz privat ohne Dating Plattform Kontakt aufnehmen, ohne weiterhin die monatliche Rate zu zahlen. Das fand ich ganz toll und es machte mir Hoffnung, so ließ ich mich ganz spontan darauf ein. Außerdem gefielen mir ihre Fotos, sie sah auf allen ganz toll aus und hatte eine sportliche Figur.

Nach dem kleinen Ausflug zur Vorgeschichte bis zu unserer eigentlichen Kontaktaufnahme, möchte ich mit meiner Geschichte unseres Kennenlernens fortfahren.

Wie schon bekannt, ihr Name war Christina, sie war Anfang sechzig, sah aber mindestens zehn Jahre jünger aus, hatte lange blonde Haare und eine schlanke Figur. Leider wohnte sie nicht in meiner Nähe, trotzdem ich, wie schon erwähnt, bei meiner Suche einen Radius von maximal 50 km angegeben hatte. Aber egal. Christina musste ich unbedingt kennen lernen. Den Fisch durfte ich nicht mehr vom Haken lassen, ich hatte ihn ja bereits im Netz, wie die Angler zu sagen pflegen.

Ich konnte es kaum fassen, hatte ich etwa meine Traumfrau schon gefunden? Da war jemand, der offensichtlich Interesse an mir hatte. Christina hatte als Frau natürlich Heimrecht und bestimmte damit den Ort und die Zeit unseres ersten Dates. Wie Anfangs schon erwähnt, musste ich mich nach Eisenhüttenstadt auf den Weg machen.

Ich hatte früher schon viel von der Stadt in der Nähe der Oder gehört, gab sie aber trotzdem bei Google ein. Dort erfuhr ich, dass es sich um die sogenannte Stahlstadt handelt. Sie wurde in den fünfziger Jahren auf dem Reißbrett geplant und ist als sozialistische Wohnstadt errichtet worden. Der größte Arbeitgeber war das Eisenhüttenkombinat Ost, daher wahrscheinlich auch der Name. Wie gesagt, die Stadt lag am Westufer der Oder.

Christina traf sich mit mir in einem großen Einkaufscenter, im Stadtzentrum. Sie wartete dort im Eiskaffee, im Mittelgang der Hauptpassage, auf mich. Sie war sich sicher, dass ich sie dort finden würde. Gemeinsam wollten wir einen Kaffee trinken oder einen Eisbecher essen. Ich fand die Idee nicht schlecht, da ich Eisbecher liebte, besonders den Schwedeneisbecher mit Apfelmus und reichlich Eierlikör, der meist aber zu kurz kommt.

Ich gab schon einen Tag vorher die Adresse in mein Navi ein, um zu erfahren wie viele km ich fahren und welche Zeit ich einplanen müsste, um auch pünktlich zu sein. Auf keinen Fall wollte ich Christina verpassen oder warten lassen. Das Navi zeigte mir eine Fahrzeit von fast anderthalb Stunden an. Also entschloss ich mich am nächsten Tag mindestens zwei Stunden vorher auf den Weg zu machen. Mir war bekannt, dass immer sehr viele LKWs in Richtung Polen unterwegs waren. Und richtig, ich geriet kurz vor der Abfahrt nach Eisenhüttenstadt in einen dicken Stau und verlor fast eine halbe Stunde. Auf meiner rechten Fahrspur standen LKW an LKW, sie schoben sich in Schneckentempo vorwärts in Richtung polnische Grenze.

Kurz vor der Zielankunft stieg meine Aufregung enorm, ich hatte echt akutes Muffensausen vor dem ersten treffen mit Christina.

Wie sollte ich auftreten und worüber wollte ich eigentlich mit ihr reden?

So legte ich mir gedanklich einige Worte zurecht, verwarf aber alle Entwürfe wieder und wurde immer nervöser. Langsam fühlte ich mich irgendwie schlapp und hohl. Dann tauchte auf der linken Seite das große Schild des City Centers auf, und ich fuhr auf den Parkplatz. Ja, welchen Eingang sollte ich nehmen, wo mein Auto abstellen? Ich entschied mich für den mittleren Eingang des riesigen Centers.

Ziemlich aufgeregt betrat ich den Mitteleingang und schaute nach links und rechts, um Christina zu entdecken, was aber auf Grund der vielen Menschen kaum möglich war, außerdem erschien der Mittelgang endlos. Und da ich ihr Gesicht nur vom Foto aus dem Netz kannte und auch nicht wusste wie aktuell es war, denn es wird immer ein wenig geschummelt, in Bezug auf das Alter und das Aussehen. Damit war die ganze Sache mit dem Erkennen nicht so einfach und aus weiter Entfernung schon gar nicht. Und überhaupt auf welcher Seite befand sich das Eiscafé, in dem wir uns treffen wollten?

Ich entschied mich erstmal nach Links zu gehen und kam an vielen kleineren Geschäften und Boutiquen vorbei. Ich hatte Glück, denn ziemlich am Ende des Mittelganges befand sich ein offenes Café, das musste es sein. Fast alle Tische waren besetzt und ich schaute in die Runde und erkannte Christina. Sie sah noch viel hübscher aus als auf ihren Fotos. Wow, ich war im ersten Moment vollkommen perplex und brachte kein Wort heraus. Nach einem kurzen Moment erlangte ich meine Fassung wieder und versuchte ihr freundlich zu zunicken. Sie lächelte zurück und hatte mich auch sofort erkannt, so dass ich mich nicht erst vorstellen musste. Ich nahm am Tisch Platz und hätte beinahe auf den kleinen Hund getreten, er ganz ruhig unterm Tisch saß. Der hatte sich gewaltig erschrocken und fing an zu jaulen, ja bellen konnte man das nicht nennen. Christina musste das Hündchen erstmal auf den Schoß nehmen, um ihn wieder zu beruhigen.

Nun sprachen wir erstmal über ihren kleinen Hund namens Rudi, über die Rasse, das Alter, die Größe und seine speziellen Eigenheiten. Bisher hatte ich immer Angst vor Hunden, aber dieser war so klein, vor dem musste man sich nun wirklich nicht fürchten. Christina übernahm das Gespräch und erzählte etwas über sich. Sie war gerade so toll im Redefluss, den ich auf keinen Fall unterbrechen wollte, da stand plötzlich eine ältere Dame an unserem Tisch und begrüßte Christina ganz freundlich mit einem Küsschen und stellte sich mir als ihre Mutter vor. Sie wollte uns gar nicht weiter stören und sei zufällig vorbeigekommen, da sie einige Besorgungen machen wollte.

So hatte ich in kurzer Zeit fast die gesamte Familie kennen gelernt, die Frau, ihren Hund und auch ihre Mutter. Nachdem ich meinen Kaffee getrunken hatte bestellte ich für uns beide einen Eisbecher, für sie einen Schwarzwälder Kirschbecher und für mich wie gesagt einen Schwedeneisbecher mit viel Eierlikör. Wir kamen langsam wieder ins Gespräch und sie erzählte mir von ihrer Arbeit im Eisenhüttenkombinat Ost, als Sachbearbeiterin und der Entlassungswelle unmittelbar nach der Wende, von der fast die halbe Belegschaft betroffen war.

Auch sie hatte zu diesem Zeitpunkt ihren Arbeitsplatz verloren und wurde praktisch von einen auf den anderen Tag arbeitslos. Sie erzählte mir von ihren Besuchen auf dem Arbeitsamt, die so peinlich und aus ihrer Sicht schrecklich waren. Angebote waren Mangelware, da nicht nur der Hauptarbeitsgeber der Region, sondern noch viele andere kleinere

Betriebe ihre Arbeitsplätze abbauten. Zum Glück gab es ja noch längere Zeit Arbeitslosengeld, so dass sie sich finanziell bis zur vorzeitigen Rente über Wasser halten konnte. Christina wollte dann mit mir noch ein paar Schritte durch die Innenstadt gehen, denn der kleine Hund wurde auch schon ganz unruhig. Also bezahlte ich die Rechnung und wir gingen über den riesigen Parkplatz in Richtung Zentrum.

Unterwegs erzählte sie mir, dass sie noch an den Wochenenden für einige Stunden arbeiten geht und zwar im Friedrich-Wolf-Theater. Ich wollte natürlich genau wissen was sie dort macht. Und Christina erzählte mir, von ihren vielseitigen Aufgaben. Dazu gehörte die Künstler-betreuung, die Garderobe, oder die Platzanweisung. Und ab und an half sie auch an der Theaterbar in den Pausen aus. Das mit den Künstlern interessierte mich brennend. Die Betreuung umfasste den Empfang, die Zuweisung der Künstlergarderoben, sowie Getränkebereitstellung. Sie hatte auch schon viele tolle Autogramme von bekannten Künstlern gesammelt. Dieser Job machte ihr sehr viel Spaß und besserte ihre bescheidene Rente auf. Ja, es ging ihr nicht nur ums Geld, irgendwie noch aktiv im Leben stehen und nützlich zu sein, motivierte sie dazu.

Ich erzählte, dass es mir ähnlich gehen würde und ich noch aktiv im Sportverein, im Vorstand tätig bin und mich einmal die Woche mit alten Sportfreunden auf dem Sportplatz treffe.

Wir kamen dann auch am Theater vorbei und sahen uns den Spielplan an, den sie so gut wie auswendig kannte. Auf dem Programm standen Konzerte, Comedy, Travestie Shows und Theaterstücke. Ich musste staunen, das Angebot war sehr vielseitig und fast an jedem Wochenende konnte man eine

Vorstellung besuchen. Die Zuschauer kamen aus allen Himmelsrichtungen ins Friedrich-Wolf-Theater.

Ich empfand, dass Christina bei unserem Rundgang durch ihre City ein bestimmtes Ziel verfolgte. Und dann standen wir vor einem einladenden Italiener, der leider erst am Nachmittag aufmachte, so dass ein gemeinsames Einkehren flachfiel. Langsam steuerten wir wieder auf den Parkplatz des Kaufparks zurück, wo auch Christina ihr Auto abgestellt hatte.

So schnell ging unser erstes Date vorbei und jeder fuhr nach Hause, ich meine Strecke von ca. 75 Kilometern in Richtung Schönefeld und Christina vermutlich nur um drei Häuserecken. Jeder hatte einiges von sich erzählt, aber sehr viele Fragen sind offengeblieben. Zum Abschied hatte ich sie kurz umarmt und leicht an mich gedrückt, sie ließ es geschehen. Ob nun gewollt oder überrascht, ohne sich erwehren zu können. Ich hatte das Gefühl, dass wir uns sympathisch waren, ich empfand es jedenfalls so. Christina in echt, gefiel mir auf den ersten Blick, sie hatte ein schönes Gesicht, ein liebes Lächeln und eine angenehme Stimme. Ja, ihr ganze Erscheinung hatte mich gefangen genommen. Man sagt ja so häufig auf die inneren Werte kommt es an, aber die kann man nicht auf den ersten Blick erkennen. Trotzdem glaube ich, dass der erste Blick schon entscheidend ist, manchmal erst auch der zweite Blick.

Von Frauen behauptet man das sie schon im ersten Moment eine Entscheidung treffen, ob sympathisch oder ablehnend.

In einer Fernsehsendung hatte ich einmal gesehen, dass Frauen an der Bar einen hereinkommenden Mann sofort registrieren und entscheiden ob er in ihr Beuteschema passt, ohne auffällig den Hals auszurenken. Ich glaube, wir Männer brauchen dafür etwas mehr Zeit und auf keinen Fall gelingt es uns unauffällig. Der Blickwinkel der Frauen muss wesentlich größer sein als bei uns Männern.

Ich hatte große Hoffnung, dass das nicht unser letztes Treffen gewesen sein dürfte. Aber ich musste abwarten, ob Christina ähnlich empfand, wie ich. Wir wollten auf jeden Fall telefonisch in Verbindung bleiben, was mich darin bestärkte.

Auf der Heimfahrt ließ ich das gesamte Treffen Revue passieren, nein ich konnte nichts Negatives finden, alles war toll gelaufen und mit Sicherheit hatte es auch bei ihr gefunkt. In den nächsten Tagen kämpfte ich mit mir ans Telefon zu gehen und Christina einfach anzurufen, aber mir fehlte der Mut, oder besser gesagt ich wusste nicht so recht wo ich anknüpfen sollte. Die Schwierigkeit ein sinnvolles Gespräch anzufangen, worüber ich mit ihr sprechen sollte, hielt mich vorerst ab.

Aber ich musste sie unbedingt anrufen, um ihr zu zeigen das mein Interesse groß war und ich unbedingt ein zweites Treffen vereinbaren wollte. Der Wunsch wuchs in mir, ich musste sie unbedingt wiedersehen. Ich fing an zu grübeln, aber mir fiel auf die Schnelle nichts Vernünftiges ein, da ging es mir wie in dem Song.

„Ich liebe dich", aus dem Jahre 1986. Wie ging der Text noch mal?

„Ich sitze hier vor deinem dummen Foto. Und bemerkt immer wieder wie hübsch du eigentlich bist.

Und wenn ich mal hoch guck dann sehe ich den Telefonhörer.

Und ich denk mir ich nehme ihn ab und ruf dich an und sag's einfach, ist doch die einfachste und normalste Sache der Welt".[7]

Dann greift der Sänger erstmal zu einer Zigarette, und raucht zwei oder 3 Schachteln und hält seine Klappe, ich aber bin Nichtraucher, was mache ich? Nach längerem Nachdenken (Brainstorming) faste ich den Entschluss, einige einführende Worte aufzuschreiben und dann abzulesen, um wenigsten einen guten Gesprächsstart zu haben, alles Weitere würde sich dann schon ergeben. Ich wusste was ich wollte und das Rumeiern musste ein Ende haben. Also griff ich todesmutig zum Telefon, in diesem Fall zu meinem Handy, und wählte die Nummer von Christina. Ich hatte sie sofort an der Strippe, als hätte sie nur auf meinen Anruf gewartet. Der notierte Einstig war sehr hilfreich und so ergab sich ein tolles Gespräch zwischen Christina und mir. Nach kurzer Zeit verfiel ich in den Fragemodus und wollte wissen, wann und wo wir uns zeitnah treffen könnten. Leider ließ sie durchblicken, dass sie in dieser Woche keine Zeit hätte und einiges mit ihrer Mutter erledigen müsse, mit dem Hund zum Tierarzt, zum Friseur und weitere dringende Termine anstanden. Eine gewisse Enttäuschung machte sich breit, und so fragte ich: „Was den mit dem Wochenende wäre"?

Da müsste sie Samstag und Sonntag im Theater aushelfen, war ihre Antwort. Danach fiel mir nicht mehr so viel Gesprächsstoff ein und ich verabschiedete mich von Christina, ohne mir meinen Frust anmerken zu lassen. Eine kleinen Funken Hoffnung hatte ich auf Grund ihres

[7] Song von Clowns & Helden

Versprechens, mich wegen eines möglichen Treffens, kurzfristig zurückzurufen. Also musste ich abwarten und etwas fürs Wochenende einplanen, um nicht zu Hause rumhocken zu müssen. Schon am nächsten Tag rief mich Christina wie versprochen an und ich konnte meine Planung für Samstag vergessen, was mich freudig stimmte. Christina wollte sich mit mir nun doch am Wochenende treffen. Ihre Idee war, mich zu einer Travestieshow in ihrem Theater einzuladen.

Natürlich nur, falls ich Interesse hätte und die hatte ich. Sie würde mir eine Karte organisieren und wir könnten anschließend zusammen noch eine Flasche Wein trinken. Na da war doch die Welt wieder in Ordnung, und ich sagte sofort zu, zumal ich den tollen Auftritt von Mary, im Theater am Kurfürstendamm, noch im Gedächtnis hatte. Travestieveranstaltungen fand ich nicht schlecht. Aber viel wichtiger für mich war, Christina am Samstag wieder zu sehen.

Um noch weiter auf den Auftritt von Mary (Georg Preuß) einzugehen.

Zu dem Zeitpunkt war Gordy (Reiner Kohler) leider schon verstorben (1995), und Mary trat mit einer Solonummer auf. Ich saß in der ersten Reihe und musste auf etwas gefasst sein, so erzählte man mir jedenfalls. Die Karten hatte ich geschenkt bekommen und wirklich, Mary warf mir

ein Soldatenhemd zu und bat mich es zusammen zu falten, doch ich warf es sofort wieder zurück auf die Bühne, mit der Bemerkung, ich habe nie gedient und das ganze Theater lachte. So war ich plötzlich Teil der Show. Natürlich sagte ich Christina, das ich auf keinen Fall in der ersten Reihe sitzen wollte. An so eine teure Karte hatte sie nicht gedacht, jedoch wollte sie mir die Karte unbedingt spendieren, was ich aber ablehnte.

Am Samstag fuhr ich schon sehr zeitig nach Eisenhüttenstand. Ich war natürlich viel zu früh am Theater, parkte mein Auto ganz in der Nähe und spazierte erstmal planlos durch die Stadt, um nicht sinnlos vor dem Eingang rumzustehen. Langsam trafen die ersten Zuschauer ein und standen in kleinen Gruppen vor dem Theater. Dann wurden die Tore geöffnet und alle strömten, ins das Friedrich-Wolf-Theater.

An der Garderobe entdeckte ich Christina und gab bei ihr meine Jacke ab. Wir wechselten ein paar Worte nach einer kurzen Umarmung.

Was ihrer Kollegin nicht entging, und sie rief ihr etwas zu, was ich aber nicht verstehen konnte, ich vermutete die Frage: Ist das dein Bekannter? Und Christina nickte bestätigend mit dem Kopf. Darauf schenkte sie mir auch ein breites Lächeln. Also wurde ich akzeptiert, was mich natürlich aufmunterte. Das Theater füllte sich sehr schnell und Christina hatte in der Garderobe alle Hände voll zu tun und damit keine Zeit für mich. Wir wollten uns in der Pause wiedersehen und sie hoffte dann mehr Zeit für mich zu haben, um ein Gespräch zu führen.

Im Foyer des Theaters standen toll aussehende „Frauen“, eigentlich ja Männer, in engen, glitzernden Kleidern, ein Hingucker für alle Männer und die Frauen konnten neidisch werden. Es entsandt eine riesige Besuchertraube, viele wollten unbedingt ein tolles Selfie mit den Darstellern haben. Ich hatte leider mein Handy im Auto liegengelassen, das wäre wahrlich eine geile Erinnerung gewesen.

Die Show begann und vier Künstler traten abwechseln auf, einer führte durch das Programm und unterhielt das Publikum zwischen den einzelnen Darbietungen mit tollen Witzen, häufig unterhalb der Gürtellinie. Meist wurden Gesangseinlagen vorgetragen. Die Musik war Playback, aber es wurde live gesungen. Vom Chanson, über Schlager und Klassik wurde alles dargeboten. Alle hatten tolle Stimmen und sangen sehr ausdrucksvoll und leidenschaftlich.

Den vier Künstlern sah man die Freude und Begeisterung auf der Bühne an. Im Theater herrschte eine irre Stimmung, es wurde rasend applaudiert. In der Pause suchte ich Christina im Foyer und fand sie hinter der Bar Sekt ausschenken. Ich stellte mich an und bestellte mir ein Pausenbier. Dabei wechselten wir einige Worte. Sie flüsterte mir zu, ich sollte nach der Vorstellung auf sie vor dem Theater warten, sie würde sich beeilen.

Nach der Vorstellung hatte ich keine Eile meine Jacke von der Garderobe abzuholen, im Gegenteil ich ließ mir Zeit. Vor dem Theater wartete ich und sah mir in Ruhe die Plakate der kommenden Veranstaltungen an, neben Theaterstücken, Tanzshows und Musikgruppen waren auch Lesungen im Programm. Nach ca. zwanzig Minuten kam dann Christina aus dem Haupteingang und steuerte auf mich zu. Wir umarmten uns ganz flüchtig und sie hatte es eilig nach Hause zu kommen. Dort wollte ihre Tochter etwas Wichtiges abholen, was sie unbedingt am nächsten Tag haben müsste.

Ich schlug vor, sie mit dem Auto nach Hause zu fahren. Christina willigte ein und wir fuhren zu ihrer Wohnung in einem großen Plattenbau-komplex, die man auch als Altneubauten bezeichnete, da sie schon vor längerer Zeit erbaut wurden. Sie wohnte im 2. Stock in einer kleinen Zweizimmerwohnung. Nach ihrer Scheidung ist sie in diese Wohnung umgezogen, in der sie jetzt das dritte Jahr wohnte, ihre Tochter war zu diesem Zeitpunkt schon länger aus dem Haus. Wir unterhielten uns über alles Mögliche und sie sprach über das Theater und ihre Hobbys. Sie zeigte mir ihre Holzarbeiten, ganz tolle Vogelhäuser in verschieden Größen, Ausführung, bunt bemalt, wirklich professionell gemacht. Ich war erstaunt und konnte gar nicht glauben, dass sie diese selbst angefertigt hätte. In der Zwischenzeit kam ihre Tochter, wir begrüßten uns kurz und dann verschwand Christina mit ihr in die Küche. Ich konnte nicht hören was dort besprochen wurde. Es dauerte nicht lange und ihre Tochter verabschiedete sich und verließ die Wohnung wieder.

Dann erzählte sie von ihrem zweiten Hobby, dem Ansetzen von Kräuterlikören. Ich kam aus dem Staunen gar nicht mehr raus. Auf jeden Fall sahen die Flaschen mit den verschiedenen Kräutern drinnen, sehr gut aus. Ich hatte sofort Lust einen Likör zu probieren. Christina holte zwei Gläser aus der Küche und goss uns reichlich ein. Nach dem Motto: „Mach die Gläser nicht zu voll, nur bis zum Rand". Der Kräuterlikör schmeckte richtig lecker und war genau mein Ding. Ich bevorzugte allerdings Ramazotti, Bergkräuter, Schierker Feuerstein und Jägermeister, aber der Selbstgemachte schmeckte wirklich lecker.

Christina schenkte gerne nach und ich wollte, oder sollte eigentlich wieder nach Hause fahren, doch nach dem dritten Schnaps fühlte ich mich nicht mehr so richtig fahrtauglich und die Frage erübrigte sich eigentlich für mich. Unser Gespräch lockerte sich etwas, aber der sprühende Funke fehlte meinerseits und ich nahm an auch Christina suchte ihn vergebens. Ihr wurde langsam auch bewusst, falls wir weiter trinken würden, müsste ich bei ihr übernachten. Wir tranken dann noch ein zwei Gläser und Christina bestimmte die

Schlafordnung. Mir teilte sie eine Liege in ihrem Schlafzimmer zu, und sie wollte in der Stube auf der Couch schlafen.

Als Mann kreisten natürlich meine Gedanken um Sex mit ihr, oder wenigsten etwas zu kuscheln. Aber auf keinen Fall wollte ich mich aufdrängen, das musste schon von ihr ausgehen. So lag ich nebenan auf meiner Liege und hoffte sie würde plötzlich vor mir stehen. Nichts passierte, nur früh morgens steckte sie den Kopf durch die Tür und bat mich aufzustehen, Frühstück sei fertig.

Beim Frühstück sprachen wir noch über Gott und die Welt.

Ja, sie liebte ihre Hobbys, das Theater, die Vogelhäuser und das Ansetzen von Kräuterlikör. Das alles waren für sie ganz entspannende Freizeitbeschäftigungen, die sie am gesellschaftlichen Leben teilhaben ließ.

Christina kümmerte sich auch häufig um ihre Mutter und hatte nach dem Frühstück eine Verabredung mit ihr und ich wollte auch wieder Heimfahren. Zu Hause wartete zwar keiner auf mich, aber ich musste erst einmal weg. Wir verabschiedeten uns wieder mit einer flüchtigen Umarmung und ich fuhr nach Hause zurück.

Die Autobahn war fast leer und ich war schneller als gedacht wieder zu Hause. Unterwegs ging mir so einiges durch den Kopf, am meisten beschäftigte mich die Fragen: Sollte ich mich weiterhin um Christina bemühen, oder aufgeben? Bleibt es bei einer Fernbeziehung? Ist Christina die richtige? Würde sie zu mir ziehen, ihren Wohnort aufgeben? Was ist mit ihrer Mutter?

Da fiel mir der Song von „Revolverheld“ ein, „Liebe auf Distanz“.

„Wir sind uns jedes Mal ein bisschen fremd. Als ob man sich gar nicht richtig kennt“.

Am Ende will er keine Liebe auf Distanz, mir ging es ähnlich. Wir hatten uns auch nicht neu verabredet und wollten telefonieren. Es verging eine Woche ohne einen Anruf. Ich persönlich wusste eigentlich nicht so recht, wie es mit uns weitergehen sollte und fand auch keinen plausiblen Grund Christina anzurufen, oder besser gesagt, die richtigen Worte für ein Gespräch. Die Entfernung zwischen uns betrug ca. einhundert Kilometer, mit dem Auto fast in einer guten Stunde zu schaffen, wenn da nicht der ständige LKW- Stau in Richtung Frankfurt/Oder und Polen auf der A 12 wäre.

Bis zur Abfahrt nach Eisenhüttenstadt war die Autobahn fast immer völlig zu gestaut, da konnte man schon mal über eine halbe Stunde im Stau verbringen, was jeden Autofahrer total stressen kann.

Dann bekam ich unverhofft einen Anruf von Christina, in dem sie mir mitteilte, dass sie eine akute Blinddarmentzündung bekommen hatte, dass sie mit starken Schmerzen ins Krankenhaus eingeliefert wurde und sofort operiert wurde. Da machte ich mir doch Sorgen um sie und fuhr natürlich noch einmal nach Eisenhüttenstadt und besuchte Christina im Städtischen Krankenhaus. Das war dann unsere letzte Begegnung. Sie war noch sehr erschöpft und sah ziemlich blass aus. Sie lag in einem Dreibettzimmer und die Mitpatientinnen spitzten die Ohren, so dass ein intimes Gespräch nicht aufkommen konnte. Ich bin dann doch länger als eine Stunde geblieben. Ja, ganz sicher freute sich Christina über meinen Besuch. Abgelöst wurde ich durch ihre Mutter, die plötzlich im Zimmer stand. Ich verabschiedete mich liebevoll mit einem kleinen Küsschen und trat den Heimweg an. Ich hatte das Empfinden, das weitere Kontakte mit Christina nicht sinnvoll wären und zog für mich einen Schlussstrich unter unsere kurze Begegnung. Ich wollte mich einfach nicht mehr melden, was sie dann auch nicht mehr tat. Also musste ich im Netz weiter nach anderen Frauen fischen. Ein Sprichwort sagt: „Liebe ist, wenn man trotz Ferne die Nähe spürt.[8] In meinem Falle leicht abgewandelt: „Liebe scheitert, wenn man trotz Nähe die Ferne spürt".

[8] Pinterest

9. Auf den ersten Blick nicht erkannt

Im Internet auf den Dating Portalen wird, ganz schön gemogelt, nicht in jedem Fall sind es Fake News, aber es wird schon über- und untertrieben.

Mit der Werbung geht die ganze Sache schon los. Die Zeitvorgabe zum Verlieben ist ein Witz und die sich dort präsentieren haben es bestimmt nicht nötig, über diesen Weg einen Partner oder Partnerin zu finden. Ja, es sind außergewöhnlich hübsche Menschen, mit toller Ausstrahlung und einem charmanten Lächeln, die man vergeblich im Netz finden wird.

Aber sehr häufig wird auch beim Alter, speziell bei Frauen, gerne mal stark untertrieben und einige Jahre weggelassen. Besonders bei den Fotos werden ältere Bilder rausgekramt und als aktuell verschickt.

Bei den eingestellten Profilen und deren Wahrheitsgehalt bin ich mir nicht so sicher. „Mann" selber will ja auch Aufmerksamkeit mit seinem Profil erregen und bewegt sich zwischen Dichtung und Wahrheit. Es wird eigentlich nur Positives preisgegeben. Als Raucher ist man plötzlich Nichtraucher. Fährt gerne Fahrrad und hat gar keins, oder treibt dreimal die Woche Sport, eigentlich einmal in vierzehn Tagen. Häufig reagiert „Mann" auf das was Frauen mögen, aber das ist ein ganz schwieriges Terrain.

Nach diesen, einführenden Gedanken, die ich mir machte, hatte ich eine Dating Partnerin zu einem ersten Treffen überredet. Glücklicherweise wohnte Marianne fast nur einen Steinwurf von mir entfernt. Ihr Foto war etwas unscharf, aber sagte mir trotzdem zu. Bei den Angaben zu ihrem Profil, konnte „Mann“ sagen, stimmte alles was „Mann“ sich so vorstellt.

Nun zum eigentlichen Geschehen, es war herrliches Wetter und Marianne hatte das Treffen in einem Biergarten vorgeschlagen. Das Restaurant war ein Grieche und lag fast in der Mitte unserer Wohnorte.

Beim Griechen kehrte ich sehr gerne ein, das Essen war immer sehr reichhaltig und schmeckte auch gut. Natürlich durfte der Uso vor und nach dem Essen nicht fehlen, also passte alles.

Ich hatte mich irgendwie verzettelt und bin zu spät losgefahren. Der Weg war ja nicht allzu weit. Wie immer, die am dichtesten dran wohnen, kommen meistens zu spät. Das Restaurant lag mit seinem Biergarten direkt an der Straße und beim Vorbeifahren sah ich ein Hinweisschild, dass sich der Parkplatz hinter dem Restaurant befand.

Ich fuhr also wie angezeigt um das Restaurant und stellte mein Auto dahinter ab. Einige wenige Autos standen verstreut auf dem Parkplatz. Ich war in Eile, da ich ja zu spät dran war, ich flitzte praktisch auf dem Weg wieder zurück zum Biergarten. Mir kam eine etwas unscheinbare Frau in Richtung Parkplatz entgegen.

Wir liefen aneinander vorbei. Ich wurde leicht stutzig, hielt aber nicht an und dachte, war das eben nicht Marianne mein Date? Ihrem Foto sah sie nur geringfügig ähnlich, aber wer hat schon so ein fotografisches Gedächtnis. Sie machte aber auch kein halt, und schon war sie an mir vorbei gehuscht. Im Biergarten angekommen suchte ich nach meiner Verabredung und konnte sie nicht finden, auf jeden Fall saß keine einzelne Frau an einen der Tische. Da nicht viele Gäste draußen saßen war die Sache leicht überschaubar. Nun wurde ich nochmals stutzig und dachte, sollte das etwa wirklich die Frau gewesen sein, die grade an mir, in Richtung Parkplatz vorbeigelaufen war.

Also lief ich den Weg zum Parkplatz wieder zurück und siehe da, die Frau wartete noch an ihrem Auto. Und nun sah ich eine gewisse Ähnlichkeit mit ihrem Foto aus dem Netz. Ich ging auf Marianne zu und sprach sie höflich an. In diesem Moment schien sie mich auch zu erkennen. Sie hatte eine Weile gewartet und war sich nicht sicher gewesen ob ich überhaupt kommen würde, da es schon etwas über die Zeit war. Sie dachte, dass sie versetzt worden sei und wollte wieder nach Hause fahren. Sie gestand mir, dass sie bei unserer kurzen Begegnung so ähnlich dachte wie ich. War er das nun?

Eigentlich war nicht viel Schlimmes passiert, nun hatten wir uns doch noch zum ersten Date gefunden. Wir gingen dann gemeinsam zum Biergarten zurück und suchten uns einen guten Platz aus. Ein lockeres Gespräch wollte anfangs nicht in Gange kommen, wenn man sich völlig fremd ist, aber wir versuchten gemeinsam die Situation zu retten

und das Treffen so angenehm wie möglich über die Runden bringen.

Wir bestellten uns Essen und Getränke, die Rechnung übernahm ich zum Abschluss. Sie erzählte über sich und wollte natürlich auch einiges über mich in Erfahrung bringen. Nach den anfänglichen Schwierigkeiten wurde es noch eine lockere und ganz nette Unterhaltung.

Irgendwie hatte ich das Gefühl, dass wir beide wussten, dass es kein weiteres Date geben würde. Aber ich konnte auch falsch liegen.

Jedenfalls machten wir wie man so schön sagt, das Beste aus der Situation, oder versuchten es wenigstens.

Ich hatte auch schon von anderen gehört, dass sich Leute sofort getrennt oder bewusst aneinander vorbeigelaufen sind, wenn sie sich das erste Mal gegenüberstanden, oder schon von weiten Reißaus nahmen, wenn sie total enttäuscht waren.

Ja, wenn es in solch einer Situation auf den ersten Blick nicht passt, gibt es meist auch keine Chance für einen Zweiten und „Mann" sollte dann auch höflich und weltmännisch das Treffen durchstehen. Männer verteilen eigentlich nicht gerne Körbe. Da müssen wir darüberstehen.

Nach unserem ersten Kennenlernen verabschiedeten wir uns herzlich voneinander und wussten beide, dass wir erneut auf die Suche nach einem geeigneten Partner gehen mussten.

10. Zwei Karten fürs Konzert

Werner als alter Rocken Roller liebte die Bands aus den Sechzigern- und Siebzigerjahren. In Berlin hatte er ein großes Angebot und er war immer auf der Suche nach Konzerten seiner Lieblings Bands. Letztens war er bei Satus Ques in der Max Schmeling Halle, wo sich auch die Füchse gute Nacht sagen, nein Handball spielen. Aber Handball war nicht so sein Ding, er liebte Fußball speziell die Unioner in der Alten Försterei.

Werner hatte in seiner Jugend selber gekickt, bei Union Oberschöneweide, kannte daher auch einige Unioner aus diesen Zeiten.

Zu den Konzerten ging Werner meistens mit seinem alten Kumpel, Enrico, aus Schulzeiten oder mit mehreren Musikverrückten aus dem Fußballverein. Beim letzten Konzert in der Max Schmeling Halle spielte als Vorband Uriah Heep, deren alte und neue Hits ihm gut gefielen und so besorgte er sich zwei Karten für diese Kultband im Admiralspalast in der Friedrichstraße.

Werner wollte diesmal aber in Begleitung einer Frau das Konzert besuchen. Er hatte über eine Partnerbörse im Internet eine Frau, ungefähr in seinem Alter entdeckt, die ihm vom Foto her gefiel und auch ihr Profil passte ganz gut. Sie waren beide noch in der Phase, das erste Date vorzubereiten. Rita hieß die noch Unbekannte und sie wollten eigentlich schon ihre Handynummern austauschen, um miteinander telefonieren zu können. Zurzeit ging alles noch über die Plattform im Internet. Es passte, denn Werner sein alter Kumpel

Enrico konnte an dem Samstag sowieso nicht. Die zweite Karte, die er nun übrig hatte konnte Rita je nutzen, wenn sie dann Lust hatte auf so ein Konzert. Ja, die Idee fand er noch besser als wieder mit Enrico loszuziehen. Das wäre dann die Chance das erste Date mit Rita mit einem Rock Konzert zu verbinden. Nun waren es bis zum Konzert nur noch zwei Tage, und er musste so schnell wie möglich bei Rita anfragen.

Und siehe da, Rita meldete sich zurück und nahm die Einladung dankend an. Nun musste er nur noch den Zeitpunkt und den Ort des Treffens mit Rita abstimmen. Klar war natürlich der Ort, vor dem Eingang zum Admiralspalast in der Friedrichstraße. Den Zeitpunkt legte er mit 19.15 Uhr fest. So könnte er Rita vorher noch zu einem Glas Sekt einladen, trotzdem Werner ja mehr auf Bier stand.

Um 18.30 Uhr war Werner schon in der Friedrichstraße und hielt die Augen offen um Rita ja nicht zu verfehlen. Jedoch er konnte sie auf dem Weg zu Eingang nicht entdecken. Werner tröstete sich, es war ja noch viel Zeit, vielleicht würde sie sich auch verspäten. Mit den Öffentlichen war das recht unsicher, da gab es Verspätungen oder es fiel mal schon eine Bahn aus.

Werner postierte sich vor dem Eingang zum Admiralspalast und hatte so die linke und rechte Straßenseite von der S-Bahn im Blick. Es waren an diesem Abend viele Menschen unterwegs, die Bürgersteige waren voll und damit die Übersicht nicht so einfach, alles war in Bewegung.

Werner hatte große Mühe Rita in dem Gewühl zu erkennen. Es war bereits zwanzig Minuten vor Konzertbeginn und Rita war immer noch nicht aufgekreuzt. Langsam machte er sich sorgen, dass sie nicht mehr kommt und ihn damit praktisch versetzen würde.

Am Eingang kamen immer wieder Leute auf ihn zu und fragten nach Konzertkarten. Werner schüttelte vorerst mit dem Kopf, da die Hoffnung zuletzt stirbt. Aber von Rita war nichts zu sehen, so dass er sich langsam sicher war, sie würde nicht mehr kommen. Er bewegte sich langsam in Richtung Eingang, denn in wenigen Minuten sollte das Konzert beginnen. Werner wurde nochmals wegen einer Karte angesprochen. Diesmal zog er die zweite Karte aus der Tasche und bot sie zum Verkauf an. Er wollte nur den normalen Preis dafür haben. Der Mann ungefähr in seinem Alter, bedankte sich ganz herzlich und stellte sich mit Klaus vor.

Beide suchten ihre Plätze und landeten fast unterm Dach ganz oben, auf der rechten Seite, hatten aber einen guten Überblick auf die gesamte Bühne. Dann kamen die alten Männer auf die Bühne und rockten wie in den Siebzigern, Werner und sein Sitznachbar Klaus gingen voll mit und sie waren begeistert von den tollen Titeln, besonders von den Alten aus ihren Jugendzeiten.

Ja, die Band war eine der populärsten Hard Rock Bands neben Deep Purple, Led Zeppelin, Nazareth und Black Sabbath. Klaus kannte sie auch alle und war seit Jahren ein begeisterter Fan. Er dankte Werner noch mehrmals für die Karte. Es wurden viele alte bekannte Titel gespielt, wie:

Look at Yourself, Sweet Freedom, Wonderwold, aber auch neue, wie Into the Wild, Living the Dream und Chaos & Color.

In der Konzertpause spendierte Klaus ein Bier und beide quatschten als würden sie sich schon längere Zeit kennen. Klaus spielte auch Fußball bei den Alten Herren und war ebenfalls Union Fan. Da hatten beide nicht nur die Musik als gemeinsames Hobby, sondern auch den Fußball.

Langsam entspannte sich Werner und hatte Rita schon fast vergessen. Werner musste Klaus noch unbedingt über sein geplatztes erstes Date informieren, deren Ersatz Klaus jetzt war. Aber beide waren sich einig, da hatten sich zwei gleichgesinnte Menschen getroffen und gemeinsam ein tolles Konzert genossen und sich gut unterhalten.

Am nächsten Tag wollte er bei Rita anfragen, warum sie ihn versetzt hatte, ob es einen zwingenden Grund dafür gab. Über ihre Entschuldigung war Werner total überrascht. Sie hatte keine Traute und war sich nicht sicher ob Werner auch kommen würde. Sie hatte Angst dann alleine dazustehen. Für Werner war Rita damit gestorben und er musste sich weiter nach einer passenden Partnerin umsehen.

Schlusswort (Epilog)

Ich hoffe die eine oder andere Geschichte hat Sie gut unterhalten, oder Ihnen sogar gut gefallen. Aber vielleicht haben Sie auch ähnliche Erfahrungen gemacht und so erlebt. Wie anfangs verkündet, sind ein großer Anteil wahre Erlebnisse und haben so, oder ähnlich stattgefunden. Teilweise sind sie auch leicht ausgeschmückt. Ich möchte aber behaupten, die besten Geschichten schreibt das Leben selbst.

Nun möchte ich Sie aber nicht weiter quälen und zum Ende kommen. Legen Sie das Büchlein aus der Hand und reichen Sie es zum Lesen an Freunde weiter, oder empfehlen Sie ihnen, das Buch zu bestellen.

Herzlichen Dank, der Autor